FACULTÉ DE DROIT DE PARIS

LA CAUTION JUDICATUM SOLVI

THÈSE POUR LE DOCTORAT

L'ACTE PUBLIC SUR LES MATIÈRES CI-DESSUS

sera soutenu le samedi 11 juin 1898 à 2 h. 1/2.

PAR

GASTON BRUNET

Avocat à la Cour d'appel

Ancien élève diplômé de l'École des Sciences Politiques.

Président : MM. RENAULT, *professeur.*

Suffragants { LAINÉ, *professeur.* LE POITTEVIN, *professeur.*

PARIS

V. GIARD & E. BRIÈRE

LIBRAIRES-ÉDITEURS

16, Rue Soufflot, 16

1898

THÈSE

POUR

LE DOCTORAT

La Faculté n'entend donner aucune approbation ni improbation aux opinions émises dans les thèses; ces opinions doivent être considérées comme propres à leurs auteurs.

FACULTÉ DE DROIT DE PARIS

LA

CAUTION JUDICATUM SOLVI

THÈSE POUR LE DOCTORAT

L'ACTE PUBLIC SUR LES MATIÈRES CI-DESSUS

sera soutenu le samedi 11 juin 1898 à 2 h. 1/2.

PAR

GASTON BRUNET

Avocat à la Cour d'appel

Ancien élève diplômé de l'École des Sciences Politiques.

Président : MM. RENAULT, *professeur.*

Suffragants { LAINÉ, *professeur.*
LE POITTEVIN, *professeur.*

PARIS

V. GIARD & E. BRIÈRE

LIBRAIRES-ÉDITEURS

16, Rue Soufflot, 16

1898

CHAPITRE PREMIER

THÉORIE GÉNÉRALE DES EXCEPTIONS. L'EXCEPTION DE LA CAUTION « JUDICATUM SOLVI ».

1. L'instance qui, dans le langage procédurier, est appelée banale, met en présence un demandeur et un défendeur ; le premier expose, dans un exploit d'ajournement, ses prétentions ; le second y répond par voie de conclusions ; un jugement intervient pour trancher le débat. Tous les procès ne sont pas aussi sommaires ; leurs solutions peuvent être retardées par des incidents qu'il faut d'abord écarter avant de juger la demande principale. Le mot *incident* a deux acceptions en procédure : tantôt il signifie tous les évènements qui entravent et interrompent le cours normal de l'instance ; tantôt, dans un sens plus strict, il signifie seulement les demandes incidentes, c'est-à-dire celles qui interviennent pendant le procès déjà engagé ; l'exception est un incident de la deuxième catégorie : c'est tout moyen de procédure qui, sans attaquer le fond ou le mérite du litige à juger, tend à retarder sa

solution jusqu'à l'accomplissement de certaines conditions.

La demande de la caution *judicatum solvi* donne lieu à l'une de ces exceptions, mais il y en a d'autres : on peut opposer soit une exception d'incompétence, soit une exception de nullité, soit une autre exception ; la loi est formelle : l'exception de la caution *judicatum solvi* devra être invoquée au début de l'instance ; c'est pour ainsi dire une exception privilégiée, car elle est fondée sur une idée de protection nationale. Néanmoins deux exceptions peuvent être soulevées avant celle de la caution : s'il y a incompétence *ratione materiæ*, il faudra d'abord l'opposer, car si le tribunal était incompétent, il le serait pour se prononcer sur la validité de la caution ; l'exception de communication de pièces devra aussi être opposée avant celle de la caution : en effet, l'avoué du défendeur ne pourrait pas, s'il en était autrement, conclure, puisqu'il ne connaîtrait pas les pièces sur lesquelles le demandeur s'appuie pour introduire l'instance ; cette solution est admise quoique, dans la pratique, l'exception de communication de pièces soit devenu un moyen purement dilatoire.

A l'exception de la caution *judicatum solvi* correspond un jugement avant faire droit, qui est levé, signifié et exécuté selon les formes ordinaires. C'est une instance incidente et indépendante, qui tire seulement de l'instance principale sa raison d'être.

2. La demande de la caution *judicatum solvi* donne lieu à une exception privilégiée qui peut être soulevée, en toutes matières, par le défendeur français ou assimilé sur l'action à lui intentée par un demandeur étranger ; elle a pour but de couvrir le paiement des dépens du procès et des dommages-intérêts qui peuvent en résulter.

3. La caution *judicatum solvi* est une mesure d'exception ; elle n'est exigible que de certains plaideurs parce qu'elle a un but de protection ; elle cherche à protéger les nationaux contre les demandes mal fondées des étrangers. Voici un Français qui est assigné devant un tribunal français par un étranger ; deux hypothèses peuvent se présenter : ou bien le demandeur aura des biens en France, et le défendeur pourra ester en justice sans aucun risque, si cet étranger est débouté de ses prétentions ; ou bien le demandeur n'aura aucun immeuble dans notre pays, et il ne lui offrira aucune garantie, s'il est renvoyé des fins de son assignation.

Le législateur n'a pas voulu laisser les Français aux prises avec des étrangers quelquefois peu scrupuleux ; il n'a pas voulu leur laisser courir les risques des procès téméraires et mal fondés qu'un européen ou un asiatique de passage pourrait leur intenter ; il a pensé qu'il était immoral de laisser les Français sans défense en face des prétentions arbitraires et vexatoires des étrangers.

Voilà le but de la caution *judicatum solvi* ; mais la rigueur du principe peut être tempérée. Des conventions diplomatiques ont exonéré certains étrangers de cette caution ; elles tendent à devenir tous les jours plus nombreuses, car les idées de civilisation et de bonne foi sont de plus en plus en honneur ;

4. Il y a dans nos lois peu de textes qui se rapportent à la *cautio judicatum solvi*. Dans l'ancien droit, il n'y avait pas une seule disposition émanant de l'autorité royale ; quelques coutumes et l'ordonnance du duc de Lorraine (1707) posaient seulement le principe, qui fut diversement appliqué suivant les variations de la jurisprudence de nos anciens Parlements.

Aujourd'hui l'article 16 du Code civil a introduit dans la législation moderne la caution, mais cette disposition a été modifiée par la loi du 5 mars 1897 et est ainsi conçue :

« En toutes matières, l'étranger qui sera demandeur principal ou intervenant, sera tenu de donner caution pour le paiement des frais et dommages-intérêts résultant du procès, à moins qu'il ne possède en France des immeubles d'une valeur suffisante pour assurer ce paiement ».

Cette disposition du Code civil est complétée par les articles 166 et 167 du Code de Procédure civile :

« Tous étrangers, demandeurs principaux ou intervenants, seront tenus, si le défendeur le

« requiert, avant toute exception, de fournir cau-
« tion de payer les frais et dommages-intérêts aux-
« quels ils pourraient être condamnés » (art. 166).

« Le jugement qui ordonnera la caution fixera la
« somme jusqu'à concurrence de laquelle elle sera
« fournie : le demandeur qui consignera cette
« somme ou qui justifiera que ses immeubles situés
« en France sont suffisants pour en répondre sera
« dispensé de fournir caution ». (art. 167).

Voilà les trois textes qui concernent la *cautio judicatum solvi* dans nos Codes : les deux derniers, au cas de controverse, devront évidemment disparaître devant l'art. 16 du Code civil, qui est l'expression de la volonté dernière du législateur.

3. L'exception de la caution *judicatum solvi* est fondée sur l'extranéité des plaideurs : l'étude de cet incident de procédure est naturellement et logiquement basée sur l'évolution de cette institution aux diverses époques du droit.

L'histoire de la caution aura pour but principal de dégager la véritable origine de cette sûreté ; c'est une garantie accordée à tout défendeur français qui doit répondre à une demande souvent téméraire d'un étranger. Qui peut exiger la caution ? Cette seconde question sera résolue en s'appuyant et sur la nationalité du plaideur et sur sa qualité de demandeur ou de défendeur dans l'instance. Qui devra fournir la caution ? La réponse à cette deuxième question sera donnée par le même raisonnement ; elle dépendra à la fois de la nationalité et du rôle du plaideur dans le litige.

La caution ne pouvait pas être réclamée dans tous les cas ; la législation a varié sur cette matière depuis le très ancien droit français jusqu'à nos jours, et elle présente une évolution qui mérite l'attention. Quant à la procédure de cet incident, c'est une question qui ne doit pas être délaissée ; la théorie et la pratique gagnent à être étudiées ensemble ; elles s'expliquent l'une par l'autre, et surtout elles donnent aux matières juridiques un caractère scientifique et une vraie vie.

Quelles sont les législations des pays civilisés sur cette question ? Les peuples ont des relations de plus en plus fréquentes ; ils aiment à se connaître ; ils se comprennent tous les jours davantage ; ont-ils tous témoigné aux étrangers une défiance telle qu'ils les ont empêchés d'ester en justice sans fournir une caution préalable ? L'opinion publique, les auteurs et les congrès regardent-ils avec faveur cette institution ? Voilà autant de questions qui sont actuelles et qui méritent un sérieux examen ; elles ont donné lieu à des délibérations, qui ont eu un long écho dans le monde judiciaire, et il est juste de montrer l'influence des ces idées sur les législations.

Une conclusion s'imposera à cette sommaire

étude ; elle essaiera d'être la conséquence logique des principes qui auront été développés : quoique la coutume commande d'écrire l'introduction de toute œuvre, lorsque celle-ci est achevée, il n'est pas permis de dévoiler dès le début les vices et les avantages d'une institution ; le mérite d'une caution ne peut être apprécié qu'après son étude ; adopter un autre système c'est imposer une idée aux lecteurs, alors qu'il faut les amener logiquement et insensiblement à partager les vues de l'auteur.

CHAPITRE II

HISTOIRE DE LA CAUTION « JUDICATUM SOLVI »

1. En se plaçant au point de vue de la terminologie, l'histoire de la caution *judicatum solvi* est très ancienne ; à Rome il y avait une exception qui portait ce nom, mais elle présentait tellement de différences avec celle du droit civil français qu'il serait permis de n'en pas parler. Dans l'empire romain les étrangers jouissaient d'un régime de défaveur, qui se perpétuera jusqu'au moyen âge : néanmoins si la capacité des citoyens romains arriva, après une lente évolution, à se confondre avec celle des non citoyens, la condition des *Barbari* resta toujours la même. Le système de la personnalité de la loi accorda aux étrangers un régime moins rigoureux, mais la réaction fut violente à l'époque de la féodalité : la terre dominait, pour ainsi dire, tous les droits ; elle anéantit ceux que les étrangers pouvaient avoir. Depuis le moyen âge jusqu'à nos jours les rigueurs des lois ont perdu de leur intensité ; les étrangers ont vu leur sort s'améliorer, et aujourd'hui ils sont presque assimilés aux nationaux.

2. Un principe domine toute les législations des peuples théocratiques de l'antiquité : le national est soumis à la religion du groupe, l'étranger en est exclu, et comme tel il est hors la loi, qui est fondée sur la religion (1).

Chez les Hindous, on trouve, à côté du brahmane, qui est l'être supérieur, le çoudra et le paria, qui sont privés de tous droits comme étrangers. En Egypte il en fut de même, mais sous Amasis les Grecs obtinrent des tribunaux spéciaux (2).

Le peuple hébreu, d'après ses traditions mêmes se croyait le peuple élu de Dieu, aussi témoignait-il aux étrangers une rigueur peu justifiée ; les textes sont en désaccord sur la condition qui leur était faite ; il est seulement permis d'affirmer en théorie que les juges israélites devaient rendre aux étrangers la même justice qu'aux nationaux (3) : on en devrait conclure qu'aucune caution ne devait être exigée de l'étranger demandeur.

A Athènes la condition des étrangers était plus favorable : c'était une ville commerçante, et par nécessité elle était obligée de se montrer accueillante ; toutefois les droits des étrangers n'étaient pas les mêmes que ceux des athéniens ; il fallait distinguer quatre classes d'étrangers : les *isotèles* qui pouvaient

1. Weiss *Traité de Droit intern. privé*, tome II.
2. Hérodote, II, 178.
3. Deutéronome, XXIV, 21 et 22.

ester en justice sans l'assistance d'aucun citoyen ; le *métèque* soumis à une juridiction particulière ; celle du *polémarque* devant laquelle il devait se présenter assisté d'un *prostate*, qui répondait de lui ; les *étrangers non domiciliés* n'avaient aucune place dans la cité, donc ils ne pouvaient pas actionner en justice ; les *barbares* étaient privés de tous droits privés.

Dans les pays théocratiques de l'antiquité et à Athènes, les étrangers paraissent avoir été soumis à un régime de défaveur, qui s'expliquait par leur exclusion du culte religieux : des tempéraments furent apportés à la rigueur de ces principes sous l'influence du développement des relations commerciales et de la philosophie.

3. Les étrangers avaient-ils à Rome le droit d'ester en justice ? Cette question a une solution qui diffère avec les époques.

Dans le droit primitif, l'étranger n'a aucun droit, car, pour employer l'expression de Festus, « extrarius est qui extra forum, sacramentum jusque sit ».

Les pérégrins, dans l'état primitif du droit, étaient privés de tous droits mais peu à peu la jurisprudence prétorienne leur accorda le *jus gentium*, c'est-à-dire une partie du droit privé regardé comme essentielle et applicable à tous. Ils pouvaient ester en justice, exercer des actions pénales et de droit naturel.

Les Latins durent être considérés, quant à leur

capacité, plutôt comme des naturalisés que comme des étrangers.

Les barbares sont hors la loi : aucun droit ne leur appartient ; leurs biens sont *res nullius*. Ils ne peuvent pas ester en justice.

La condition des étrangers s'améliora peu à peu dans le droit romain; elle devint de moins en moins rigoureuse, et l'édit de Caracalla qui accorda à presque tous les sujets de l'empire le *jus civitatis*, leur donna le droit de plaider ; mais les barbares continuèrent à n'être soumis à aucun texte : ils restèrent en dehors de la cité, et ne purent y exercer aucun droit.

4. La terminologie donne incontestablement une origine latine à la caution *judicatum solvi*, mais les ressemblances entre la caution du droit romain et celle du droit français sont plutôt lointaines ; il n'y a pas lieu de développer la théorie de la *cautio judicatum solvi* des Institutes, mais il est nécessaire d'indiquer les principales différences entre cette stipulation prétorienne et la sûreté exigée par le Code civil français.

A Rome, quand les préteurs accordaient une action, ils obligeait quelquefois l'une des parties à fournir des *satisdationes*, c'est-à-dire à prendre par stipulation des engagements garantis par des *adpromissores*. La *cautio judicatum solvi* était une de ces obligations contractées surtout par le plaideur qui se présentait pour autrui. Dans le droit antérieur à Justinien, il fallait distinguer deux cas : dans les actions réelles, le défendeur pouvait être contraint par le préteur à fournir cette caution, et s'il s'y refusait, la possession de l'objet en litige pouvait être transférée au demandeur, pourvu que lui-même donnât la caution ; dans les actions personnelles, le défendeur agissant *proprio nomine*, était tenu de fournir caution dans des cas exceptionnels, mais si le défendeur se présentait *alieno nomine* il était toujours tenu de stipuler cette sûreté. Dans le droit de Justinien, le défendeur devait fournir la *cautio judicatum solvi* dans toutes les actions, s'il agissait *alieno nomine*.

Quelle était l'origine de cette expression, *cautio judicatum solvi ?* Les Institutes répondent à cette question (1) : *unde autem sic appellatur (ea satisdatio) facile est intelligere ; namque stipulatur quis ut solvatur sibi quod fuerit judicatum.* Cette stipulation était donc faite pour s'obliger au paiement de ce qui sera jugé.

Il n'y a aucune ressemblance entre la caution du droit romain et celle de notre Code civil. A Rome, elle était fournie en général par le défendeur, et il était rare que le demandeur fût condamné à la donner ; en droit français, au contraire, c'est tou-

1. Lib. IV, tit. XI, de *satisdationibus*.

jours le demandeur qui y est astreint. Les étrangers et les nationaux devaient chez les Romains fournir la caution ; en France les étrangers seuls sont soumis à cet obligation. En droit romain la caution devait assurer l'exécution pleine et entière du jugement à intervenir ; dans le Code civil, les frais et les dommages-intérêts sont seuls garantis par la caution. Le nom seul est donc commun à la caution *judicatum solvi* du droit romain et à celle du droit français ; il en faut conclure que la caution *judicatum solvi* du Code civil n'a pas pour origine celle du droit romain.

5. La caution du droit français a cependant son origine dans le droit romain, dans la novelle 112 de Justinien, intitulée : *de litigiosis et de decima parte litis ab actore cautela prestanda*. Cette novelle est divisée en trois chapitres : le premier définit les biens litigieux et les énumère ; le troisième étudie les moyens employés contre ceux qui ont laissé une année s'écouler sans se défendre. Le chapitre deuxième de la novelle 112 parle d'une caution que tout demandeur doit fournir avant de citer son adversaire en justice : c'est dans ce texte qu'il est permis, à notre avis (1), de trouver l'origine de la caution *judicatum solvi* du droit civil français ; le passage qui y est consacré n'est d'ailleurs pas très long, et est le suivant :

1. Weiss, *Précis de D. int.*, 2e éd., page 757, note 1.

Ad excludendas autem calumniose noventium intentiones et executorum fraudes aliud invenit providentia nostra remedium. Sancimus enim omnes judices, si quando aliquos teneri vel amoveri voluerint, hanc conditionem in suis interlocutionibus adjicere, ut non aliter conventionales libelli pulsatis porrigantur, aut sportulæ executoribus dentur, nisi prius et in libello actor per se, aut per tabularios subscripserit, et actis intervenientibus, fidejussorem idoneum periculo competentis officii præstiterit.

Cette caution était due par tous les plaideurs, qu'ils fussent ou non citoyens romains ; elle avait été établie *nostra providentia*, c'est-à-dire par précaution.

6. A l'étude de la condition des étrangers dans l'empire romain succède historiquement celle des étrangers dans le très ancien droit français.

Une question doit d'abord être résolue : quelle est l'origine des dispositions de notre ancien droit sur la condition des étrangers en France ? Quelques jurisconsultes appliquèrent aux aubains les textes du droit romain, qui concernaient les pérégrins, mais il n'en faut pas conclure que l'ancien droit ait son origine dans les Institutes. Il y avait en Gaule deux peuples en contact : d'une part, les Gallo-romains, soumis aux lois romaines ; d'autre part, les Barbares, qui représentaient l'élément victorieux, et dont les coutumes rudimentaires ne présentaient aucune analogie avec les textes romains empreints d'une logique et d'une science qui leur ont assuré une autorité jusqu'à nos jours. Laquelle de ces deux lois l'emporterait sur l'autre ?

Dans l'ancien droit français, les lois qui régissaient les étrangers avaient-elles une origine romaine ? Il est impossible d'admettre la solution affirmative : d'abord la célèbre constitution de Caracalla avait supprimé la distinction entre le *civis* et le *peregrinus*, et dès lors les rigueurs du vieux droit français envers les étrangers ne sauraient s'expliquer par les lois romaines qui, par une évolution lente et par nécessité, étaient arrivées à l'assimilation complète du citoyen et du pérégrin. En outre les dispositions du *jus civitatis* ne pouvaient subsister en Gaule : d'une part, les Gallo-romains ne pouvaient espérer de leurs vainqueurs le respect d'un statut qui donnait à la population soumise une prépondérance ; d'autre part, les Barbares témoignaient un trop profond mépris aux vaincus pour adopter leurs lois. Ces deux arguments permettent de conclure que la législation du très ancien droit français en cette matière n'a pas son origine dans les textes romains.

7. La condition des étrangers était régie à cette époque par un ensemble de principes juridiques, dont il faut rechercher l'origine dans les coutumes barbares. Les hommes libres formaient chez les Germains de solides associations : que l'un des associés subisse un préjudice, il y avait lieu à une réparation pécuniaire (wehrgeld), payée par l'auteur du dommage ; mais si le coupable ne pouvait pas indemniser le plaignant, c'était l'association qui devenait responsable à sa place : il y avait donc en quelque sorte une fidéjussion générale existant entre tous les membres d'une même association. Les hommes libres qui n'étaient affiliés à aucun de ces groupements étaient les étrangers (garganei) : aucun groupe ne pouvait répondre de leurs obligations, puisqu'ils ne garantissaient celles de personne ; ces étrangers étaient hors de la tribu ; ils ne jouissaient d'aucune protection, ne possédaient ni droits civils ni droits politiques ; ils pouvaient cependant demander leur naturalisation ; ils avaient aussi la faculté de se placer d'une manière générale sous le patronage d'un homme libre et affilié à l'une de ces associations : dans ce cas, le patron répondait de celui qui s'était placé sous sa protection, et devenait responsable du wehrgeld auquel ce dernier pouvait être condamné ; le protégé entrait alors dans la tribu et était complètement assimilé à l'un de ses membres

Le *rachimbourg*, c'est-à-dire tout membre d'une association, refusait naturellement de plaider avec un *garganeus* : il avait, en effet, pour répondants tous les hommes libres de son canton, tandis que l'étranger n'en avait aucun ; le *rachimbourg* offrait donc plus de garanties que le *garganeus*. La pratique suggéra alors l'intervention d'un répondant ou d'une caution : le *garganeus* était admis à ester en justice avec le *rachimbourg*, s'il trouvait pour son procès un répondant dans la tribu ; les parties fournissaient alors des garanties égales, et l'instance pouvait s'engager sans que l'une d'elles courût plus de risques que l'autre.

C'est dans cette caution que l'étranger devait trouver dans la tribu, pour pouvoir plaider avec un national, qu'il convient de découvrir l'origine de notre caution *judicatum solvi* : de nombreux textes confirment cette opinion : dans les lois du roi Canute, il était stipulé qu'un étranger, ne connaissant personne dans le canton, ne pouvait ester en justice pour obtenir la réparation du préjudice qu'il avait éprouvé (1). Les lois de Henri Ier contiennent un texte identique (2). Bracton soutient ce principe (3). D'après les *Institutes* de Littleton, six classes de personnes ne peuvent jamais plaider sans fournir une caution, et l'une d'elles comprend « le *alien* que est née hors de la ligeange nostre seignior le roy » (4).

Enfin, les lettres de naturalité accordées aux étrangers en Angleterre et en Normandie énumé-

1. *Leges Cnuti regis*, tit. 32 et 37.
2. Lois d'Henri Ier, chap. 65.
3. *Traité* de Bracton, lib. I, tract. 2, cap. 8.
4. *Institutes* de Littleton, liv. II, cap. 11, § 198.

raient les privilèges accordés aux intéressés ; elles disaient que « *in curiis audiatur ut Angli, non repellatur per illam exceptionem quod sit alienigena.* »

Tous ces textes confirmèrent la thèse d'après laquelle la caution *judicatum solvi* aurait son origine dans les coutumes germaniques ; il faut donc rejeter toute origine romaine. La caution fut introduite par la nécessité, et elle fut bientôt appliquée dans beaucoup de pays ; plus tard, elle fut étendue par la jurisprudence des Parlements. Elle reçut un nom latin, parce que, pour suivre le caprice d'une mode, on voulait, au moyen âge, découvrir à toutes nos institutions des origines dans le droit romain. Pour la caution *judicatum solvi,* il fut facile de s'adresser aux Institutes, mais on oublia de comparer les deux sûretés ; cette erreur eut une influence fâcheuse sur la jurisprudence : elle donna naissance à un système qui, se fondant sur la ressemblance des cautions romaine et française, appliqua à la caution les principes du droit romain.

8. Les coutumes des Barbares furent introduites en Gaule, lorsque l'Empire romain eût succombé sous les attaques des Germains ; mais ceux-ci abandonnèrent la vie nomade et devinrent sédentaires ; on considéra alors comme étranger l'individu n'appartenant à aucune tribu et celui qui faisait partie d'une autre tribu que celle avec laquelle il vivait.

L'étranger, en Gaule comme en Germanie, n'avait aucun droit ; il était livré à la discrétion des Barbares. Eprouvait-il un préjudice, il ne pouvait pas plus réclamer le *wehrgeld* que dans les très anciennes coutumes germaniques il possédait la vengeance privée. Dans ces conditions, il lui était impossible d'obtenir justice, à moins qu'il ne trouvât un répondant, et quand les capitulaires parlaient de l'indemnité due par tout homme libre qui tuait ou blessait un étranger, ils appelaient cette réparation un *fretum* et non un *wehrgeld* : c'était une amende payée par le meurtrier au roi ; cette disposition avait donc un caractère strictement pénal (1), et l'étranger lésé ne pouvait même pas obtenir des dommages et intérêts pour réparer le préjudice par lui éprouvé.

Les coutumes germaniques subsistèrent longtemps en Gaule, mais les deux peuples qui y vivaient avaient conservé leurs législations ; c'était le système de la personnalité des lois qui était alors en vigueur ; ce régime s'explique dans les pays où plusieurs races habitent côte à côte ; il est appliqué aujourd'hui dans les colonies européennes ; peu à peu une fusion s'opère entre le peuple vainqueur et le peuple vaincu ; les lois subissent la même évolution et tendent tous les jours davantage à devenir communes aux deux races. Chacun pouvait

1. Demangeat, *Histoire de la condition civile des étrangers en France*, I, page 32.

donc, en vertu du système de la personnalité des lois, invoquer sa loi nationale. La conséquence de ce principe, au point de vue de la condition des étrangers, était importante : tous les étrangers étaient régis par leurs lois nationales, pourvu qu'ils appartinssent à une tribu ; ils pouvaient donc obtenir justice entre eux. En cas de contestation entre deux parties de nationalités différentes, la compétence était réglée par le principe : *actor sequitur forum rei* (1) ; c'était alors la législation du défendeur qui devait être appliquée.

Cependant la loi territoriale était toujours appliquée, s'il y avait intérêt national, notamment pour le vol commis au préjudice d'un Franc : il y avait dans ces dispositions une analogie très lointaine avec l'art. 3 du Code civil (2).

9. A l'époque féodale les mêmes principes furent appliqués, en théorie au moins, à l'égard des étrangers : le droit coutumier, qui était alors en vigueur, avait sa source dans les vieilles institutions barbares, aussi ne peut-on pas s'étonner de trouver dans les coutumes l'empreinte profonde des idées mérovingiennes et carolingiennes ; mais l'influence du droit romain, qui était en honneur à l'université de Bologne, devait s'affirmer et apporter des tempéraments aux principes des coutumes germa-

1. *Lex Ripuaria*, tit. 31, par. 3.
2. *Lex salice emendata*, tit. 15, §§ 1 et 2.

niques. Les étrangers ne furent plus appelés *garganei* ; on leur donna les noms d'*aubains* ou d'*épaves* ; si l'on en croit un texte que cite Bacquet (1), les aubains étaient les étrangers nés en dehors du royaume, mais dont on connaissait le nom et le lieu de naissance ; les épaves, au contraire, étaient ceux dont on ne pouvait « au royaume avoir connoissance de leurs nativitez ». Cette distinction a été contestée, mais elle n'a aucun intérêt, puisque ces deux classes d'étrangers étaient soumises au même droit.

Il y a cependant une distinction qu'il est intéressant d'établir pour étudier, d'une manière générale, la condition des étrangers : d'un côté, il y avait les individus nés dans le royaume, mais qui avaient quitté leur seigneur pour s'établir dans un autre fief ; d'un autre côté, il y avait les aubains proprement dits, qui, nés hors du royaume, venaient y résider. Qu'il s'agisse de l'une ou de l'autre classe d'individus, il y avait, d'après M. Demangeat (2), un vieil usage du très ancien droit français, d'après lequel nul ne pouvait plaider devant un seigneur autre que celui auquel il avait fait aveu, avant d'avoir fourni caution (*pleges*) : « Quant aucuns plede en le cort d'aucun segneur, auquel il n'est ne

1. Bacquet. *Œuvres*, Lyon-Duplain, 1744, II, *Du droit d'aubaine.*
2. Demangeat, *loc. cit.* p. 81.

hons ne ostes, il doit livrer pleges d'estre à droit et qu'il ne travaillera pas celi à qui il veut pledier en cort de crestienté ; et li pleges doivent estre tel que li Sires, en qui cort li ples est, les puist justicier » (1). Ce principe fut appliqué à tous les étrangers, mais, au XVIIIe siècle, un arrêt du parlement de Paris (2) décida que cette caution ne pouvait jamais être exigée des Français même s'ils plaidaient devant un autre parlement que celui de leur domicile.

Cette théorie de M. Demangeat semble en contradiction avec un texte de Bacquet (3) : selon ce dernier auteur, dans le très ancien droit français, que le demandeur soit étranger ou français, la *cautio judicatum solvi* n'était pas due, car le Roi, en vertu du droit canonique « doit justice tant à l'étranger qu'au français ». L'étranger et le Français étaient donc égaux devant la justice, et il n'était pas question de caution. Ces idées sont une conséquence naturelle de la religion chrétienne, qui repose sur l'égalité des individus, et dès lors il est évident que ceux-ci ne doivent pas être tenus, lorsqu'ils sont étrangers, de fournir une sûreté avant de plaider ; mais ces sentiments généreux ne purent pas longtemps subsister, quoique les relations étant peu

1. Beaumanoir, *Coutumes de Beauvoisis*, cap. 43, § 32.
2. 14 février 1569. Bacquet, *loc. cit.*, p. 50.
3. Bacquet, *loc. cit.*, p. 51.

nombreuses entre les nationaux et les étrangers, l'absence de toute garantie en faveur du regnicole, n'avait pas de graves inconvénients. Les idées se modifièrent à ces deux points de vue : les individus ne pensèrent plus à l'égalité de tous les hommes devant la justice ; les relations commerciales avec le dehors se multiplièrent, et on pensa qu'il était dangereux de laisser les Français exposés aux procès téméraires des étrangers. La caution fut alors établie dans toutes les provinces françaises.

Ces deux théories de M. Demangeat et de Bacquet n'ont entre elles qu'une apparente contradiction, et il n'y a pas à s'en étonner puisqu'elles s'appuient sur des textes d'une authenticité et d'une valeur indiscutables. Il n'y avait pas en France de système unique de lois, aussi est-il possible que, dans le Beauvoisis et dans certaines régions, l'étranger fût tenu de fournir des *pleges* alors que dans d'autres provinces, qui étaient le plus grand nombre, l'aubain ne fût pas soumis à ce régime de défaveur. Le texte de Bacquet doit néanmoins être regardé comme d'une portée presque générale.

10. La caution *judicatum solvi* existait dans l'ancien droit français ; à quels principes était-elle soumise ? Cette question était d'autant plus difficile à résoudre qu'il n'y avait aucun texte sur la matière ; la jurisprudence s'inspirant des vieilles coutumes germaniques, avait consacré cette institution, et nécessairement elle ne présentait aucune homogénéité, puisqu'elle ne s'appuyait sur aucun texte. Les auteurs cependant s'efforcèrent, dans leurs commentaires, de suppléer aux lois. Bacquet, dans son *Droit d'Aubaine*, Brillon (1), Denisart, et, dans les temps modernes, Merlin ont recherché les origines de la caution, et ont essayé de dégager ses principes dans notre ancien droit français : cette institution souleva alors de célèbres controverses, dont quelques-unes ne sont pas encore terminées; nous étudierons surtout la caution d'autrefois dans les différences qu'elle peut présenter avec celle de nos jours; deux parties doivent être distinguées dans cet examen : d'abord l'élément personnel, c'est-à-dire le demandeur et le défendeur, ensuite l'élément matériel, c'est-à-dire le montant de la caution, sa charge et sa décharge, les juridictions devant lesquelles elle peut être requise.

La caution *judicatum solvi* fut admise par un arrêt du 4 janvier 1561; peu à peu cette jurisprudence du Parlement de Paris fut adoptée par tous les tribunaux; plus tard cependant, on en trouve des traces dans des textes : d'abord la coutume d'Abbeville, dont la compétence était restreinte au Ponthieu, obligeait l'étranger demandeur à fournir une caution (art. 37); enfin, l'ordonnance (novembre 1707) du duc Léopold de Lorraine établit le même principe.

1. *Dictionnaire des arrêts des Parlements et nouveau Dictionnaire de droit civil et canonique.*

Le but de la caution était alors le même que de nos jours : l'exécution d'un jugement obtenu contre un étranger demandeur était souvent impossible, et devant le nombre déjà très grand d'aubains, *quorum fides valde suspecta est*, il était nécessaire de protéger les nationaux ; cette caution fut destinée à payer « le jugé tant en principal que dépens », au cas où le demandeur succomberait dans sa demande. La jurisprudence allait même plus loin, car elle assimilait aux étrangers les nationaux (1) qui, dans certains cas, ne pouvaient intenter des actions sans faire courir des risques très graves à leurs adversaires ; ces Français étaient tenus de fournir la caution, aussi est-il permis de dire que le but de la caution, dans l'ancien droit français, était double : elle protégeait d'abord le national contre l'étranger ; elle accordait ensuite une sûreté aux défendeurs contre certaines instances téméraires de demandeurs nationaux.

11. Toute caution *judicatum solvi* exige au moins deux personnes : d'une part, le demandeur au principal, qui est tenu de fournir la caution ; d'autre part, le défendeur au fond, qui peut la requérir.

Qui devait donner la caution dans notre ancien droit ? Avant de résoudre cette question, il faut d'abord savoir que seul le demandeur au principal, en

1. Voir pages 29 et suiv. quels sont ces nationaux.

théorie du moins, était tenu de fournir cette caution : le défendeur, en effet, ne fait courir aucun risque à son adversaire : il use seulement d'un droit naturel, *quia actor voluntarie agit, reus autem ex necessitate se defendit*, aussi est-il impossible d'exiger de lui une garantie Mais tout demandeur n'était pas tenu à la caution, et seules étaient soumises à cette obligation les personnes suivantes (1) :

1° L'étranger devait donner caution à la première réquisition. Voilà le principe, mais il était susceptible de plusieurs tempéraments :

Etaient d'abord dispensés de fournir la caution tous les étrangers qui jouissaient de tous les privilèges des regnicoles ; ils ne pouvaient y être astreints, puisque les nationaux en étaient exempts : les traités de 1715 et 1717 (art. 24), par exemple, entre la France et les cantons suisses disposaient que les Suisses « seraient traités *en tout* comme les propres sujets du roi », aussi ne pouvait-il être question d'exiger des sujets suisses la caution.

Certaines nations étaient dispensées de cette sûreté par une disposition qui la concernait spécialement : l'article 22 du traité du 24 mars 1760, entre la France et le roi des Sardes, stipulait que « pour être admis en jugement les sujets respectifs ne seront tenus de part et d'autre qu'aux mêmes condi-

1. *Nouveau Denisart*, Paris, chez Desaint, 1786, au mot caution *judicatum solvi*, pages 326 à 331.

tions et formalités qui s'exigent du propre ressort, suivant l'usage de chaque tribunal ».

Enfin les étrangers étaient dispensés de la caution en matière commerciale, mais c'est une question qui sera développée plus tard.

En dehors de ces trois exceptions tous les étrangers étaient donc tenus de fournir la caution *judicatum solvi*. Il n'y avait pas à considérer la dignité du demandeur étranger ; un arrêt du Parlement (1) obligea le comte de Golowkin, ambassadeur de Russie en France, à se soumettre à la règle commune. Les souverains eux-mêmes furent astreints à fournir la caution, s'ils plaidaient en France, et la question fut posée dans la célèbre affaire Hohenlohe-Nassau : le prince de Hohenlohe, qui était souverain, avait fait pratiquer des saisies sur les biens du prince de Nassau ; après plusieurs années de contestations, celui-ci demanda à son adversaire la caution *judicatum solvi*. Le prince de Hohenlohe refusa de la fournir, en soutenant qu'un prince régnant ne saurait être astreint à donner une semblable garantie ; un arrêt du 23 mai 1781 obligea le prince de Hohenlohe à se soumettre aux prétentions de son adversaire (2), et, dans son réquisitoire, l'avocat général Séguier conclut en ces termes : « Pourquoi, dit-il,

1. 15 mars 1732. Avant arrêt du 7 juillet 1576 cité par Merlin, *op. cit.*, page 451.

2. Denisart, au mot caution *jud. solvi*, page 327.

un souverain étranger en serait-il exempt? Il n'est souverain que dans ses états ; sa qualité est au contraire un titre de plus pour exiger de lui la caution, puisqu'il ne serait pas possible de mettre à exécution dans ses états les condamnations qu'on aurait prononcées contre lui ». Le prince de Hohenlohe soutenait en outre qu'il possédait en Alsace deux terres suffisantes pour répondre des condamnations qu'il pourrait encourir ; mais Séguier fit observer qu'elles étaient « substituées, et qu'ainsi elles ne suppléeraient pas à la caution en cas de décès du prince de Hohenlohe, propriétaire grevé ». Le prince de Hohenlohe prétendait enfin être dispensé de la caution, car on la demandait trop tard, et on ne tenait aucun compte des lettres patentes enregistrées (1769), qui abolissaient le droit d'aubaine entre les sujets de France et la noblesse immédiate de l'Empire des cercles de Suabe, de Franconie et du Rhin : ces deux arguments seront étudiés plus loin (1).

Tout étranger demandeur était donc tenu de fournir caution, sauf s'il en était dispensé par une de ces exceptions.

2° Devait la caution l'étranger qui, après avoir obtenu la naturalisation, n'était pas venu demeurer en France, ou qui, après y avoir habité, en était sorti : il était astreint à cette caution, parce que, ne remplissant pas la condition sous lequelle il avait

1. Pages 33, 39 et suiv.

été naturalisé il ne pouvait être regardé comme tel ; on pouvait en outre présumer qu'il avait changé de nationalité dans un but frauduleux.

3° Le français qui, pour employer l'expression de Denisart, « avait abdiqué sa patrie », était tenu de donner caution (1).

Le même principe devait être appliqué si le français habitait chez une nation dont les membres étaient exempts en France de fournir la caution, parce que, par cette exemption, le roi avait voulu seulement favoriser les ressortissants de cette nation, qui demeuraient en France.

Il était logique que le français ayant quitté son pays sans changer de nationalité fût astreint à la caution, car en droit on le considérait comme un étranger (2). Deux exceptions tempéraient cependant la rigueur de ce principe : le français qui avait quitté le royaume avec un congé, et celui qui avait accompagné une fille de France, mariée à l'étranger, n'étaient pas soumis à la caution, car ils n'avaient pas abdiqué leur patrie.

Si le français rentrait en France, en vertu d'un vrai *jus postliminii*, il recouvrait tous les droits dont il avait été privé, et il pouvait ester en justice sans être astreint à fournir une sûreté ; quelques parlements (3) admirent même que le français, manifes-

1. Arrêt du Conseil 25 février 1738.
2. Parlement de Grenoble 5 mai 1649.
3. Dijon, 17 juin 1608.

tant un esprit de retour, ne devait pas être assimilé à l'étranger ; mais comment définir l'esprit de retour ? Le Parlement de Bordeaux (1) jugea que le fait de résider à l'étranger « sans y prendre des lettres de naturalité » impliquait un esprit de retour. Le Parlement de Paris (1) avait décidé auparavant qu'une « française mariée avec un anglais qui l'avait emmenée en Angleterre, pouvait néanmoins plaider en France (pour une succession immobilière qui lui était échue), sans donner caution » : en effet, la demanderesse n'était pas devenue étrangère parce qu'elle avait épousé un étranger, aussi n'avait-elle pas besoin de donner caution pour la recherche de ses droits immobiliers : si, au contraire, disait un des motifs de l'arrêt, il s'agissait d'une action mobilière, la caution devrait être fournie, car, les droits mobiliers tombaient dans la communauté, dont le chef était le mari.

4° Tout individu condamné à une peine, qui entraînait la mort civile, était tenu de fournir une caution : en effet, il était, pour ainsi dire, retranché de la société, aussi on pouvait l'assimiler à un étranger. L'intérêt du défendeur réclamait aussi cette disposition, puisque la personne morte civilement n'avait plus aucun bien.

5° Les individus qui avaient fait une cession de

1. Bordeaux, 2 juillet 1697.

2. Paris, 28 août 1630.

biens pouvaient-ils intenter une action sans donner une caution ? Faudra-t-il leur assimiler les banqueroutiers frauduleux, et, pour généraliser, tous ceux qui sont tombés dans un état « d'insolvence » ? La question a été très vivement controversée dans l'ancien droit français. La solution affirmative a triomphé avec raison : il s'agit évidemment de personnes plus intéressantes, et, dans tous les cas, leur insolvabilité pouvait faire courir des risques sérieux à leurs adversaires. Cette opinion a été celle de Denisart, des Parlements de Paris (1), de Dijon (2), de Rennes (3) et de Douai.

Cette doctrine a été combattue par Bacquet (4), par Serres (5) et le Parlement de Grenoble (6) : mais elle ne peut pas être soutenue si l'on envisage le but même de la caution *judicatum solvi* : cette institution doit surtout protéger le défendeur contre des demandes mal fondées.

Une jurisprudence constante de la majorité des Parlements assimilait à ceux qui cédaient leurs biens tous ceux qui, d'une manière générale « tombaient en insolvence ». Dans un arrêt de règlement du 10 septembre 1671 (7), le Parlement de Douai le

1. 14 avril, 25 août 1598, 26 juillet 1607.

2. 10 décembre 1720 : il s'agissait d'une faillite ; 2 août 1723, 10 décembre 1725, 1er avril 1730.

3. 24 décembre 1777.

4. Droit d'aubaine, Ch. 17, n° 5.

5. Institutions du droit français, liv. II, titre II.

6. 10 mai 1625.

7. Chapitre I, article 19.

disait expressément : « Si le demandeur vient à tomber en *insolvence* ou être suspect de fuite, après que le défendeur aura plaidé au fond, il pourra encore exiger caution pour les dépens : et il résulte clairement de là qu'à plus forte raison, le demandeur *tombé en insolvence*, avant que son action soit portée en justice, ne peut éviter de donner caution pour les dépens, si le défendeur le requiert avant toute exception ou défense ».

6° Toutes les personnes qui veulent exercer un retrait lignager devaient, en vertu des coutumes du Maine (1), et de l'Anjou (2), fournir la caution pour assurer le paiement du jugé. Ce retrait a été supprimé par la loi du 13 juillet 1790. Le retrait lignager (3) était « le droit que la loi accordait aux parents du vendeur d'un immeuble, d'obliger l'acheteur à le leur délaisser, en le leur remboursant et l'indemnisant de tout ce que l'acquisition lui a coûté ». Ce droit était une restriction au droit de vente, aussi la caution couvrait le défendeur contre les demandes souvent mal fondées des parents du vendeur.

7° Le dévolutaire devait donner la caution : dans l'ancien droit, ce nom était donné à toute personne *in sacris*, qui avait le droit de *jeter son dévolu* sur tel bénéfice, et qui se le faisait attribuer par voie judi-

1. Art. 422.
2. Art. 411.
3. Merlin. Répertoire au mot : *retrait lignager*.

ciaire ; ce droit était fondé sur la simonie, l'incompatibilité ou autres indignités. Les dévolutaires augmentèrent : ils occupèrent les audiences, aussi il fallut trouver des moyens pour diminuer leur nombre ; ils durent, avant d'intenter leur action en dévolution, déposer une caution, dont le montant fut fixé par l'ordonnance de 1667 (1), à la somme de cinq cents livres ; une déclaration du roi (1776), supprima la caution pour les dévolutaires et la remplaça par la consignation préalable d'une somme de douze cents livres.

Il était conforme à la justice d'exiger une caution des dévolutaires : leur dessein était toujours de frustrer ceux auxquels ils s'attaquaient, et il était nécessaire, dans l'intérêt de l'ordre public, de les empêcher d'intenter des actions arbitraires.

12. D'une manière générale, les étrangers sont donc tenus de fournir la caution : les Français sont soumis à la même obligation dans certains cas déterminés : mais avant d'examiner le rôle du demandeur, il faut parler de l'incertitude de la jurisprudence, surtout au Parlement de Dijon, sur la question suivante : les étrangers originaires de pays qui ont avec la France des traités abolissant par réciprocité le droit d'aubaine, sont-ils dispensés de fournir la caution ? Il faut répondre négativement à cette question, quoique la plupart des auteurs aient étudié la

1. Article 13, titre 15.

caution *judicatum solvi*, à propos du droit d'aubaine, ce qui permettrait de conclure aux rapports étroits de ces deux institutions. La solution négative s'impose, car la caution et le droit d'aubaine sont tout à fait étrangers l'un à l'autre : l'avocat général Séguier, soutint la même thèse dans l'affaire Hohenlohe. Néanmoins, la jurisprudence du Parlement de Dijon, apporta certains tempéraments à ce principe, et admit que des étrangers pourraient être exempts de la caution par des raisons d'Etat ou par réciprocité.

Deux arrêts de Dijon (1) imposèrent à tous les Genevois demandeurs en France la caution ; deux arrêts postérieurs du même Parlement (2), décidèrent que tous les Genevois seraient déchargés de la caution, parce que dans leur canton les jugements français sont exécutoires sur un simple *pareatis*. L'argument avait de la valeur, puisqu'il a été repris à la Conférence de La Haye (1894) : en effet, une des raisons qui légitiment la caution est précisément la difficulté pour un défendeur français d'obtenir à l'étranger l'exécution du jugement ; si cette exécution a lieu, après un simple *pareatis* de forme, on peut supprimer la caution. Il est intéressant de remarquer que cette jurisprudence du Parlement a fourni, en 1894, à M. Asser, un moyen de supprimer la

1. 28 juillet 1649 et 11 septembre 1678.
2. 8 août 1679 et 8 juillet 1697.

caution, en rendant exécutoires dans tous les pays contractants, après un exequatur concernant seulement la forme et la compétence, les dépens de tout procès.

13. Qui peut requérir la caution ?

Il est d'abord indéniable que pour réclamer la caution, il faut être défendeur au principal ; le droit d'exiger cette sûreté est un droit inhérent à la défense, aussi le défendeur seul en a la jouissance, contrairement au ministère public qui ne pourra jamais soulever cette exception.

Tout regnicole peut requérir la caution dans les cas qui ont été cités ; mais si, avant la réception de la caution, le demandeur change de situation, et se trouve dispensé de répondre à la prétention du défendeur, celui-ci ne pourra plus la lui réclamer.

Un étranger peut-il exiger la caution d'un autre étranger qui l'actionne? La solution affirmative, qui est rejetée par la jurisprudence française actuelle, était admise dans l'ancien droit : on disait que si un Français ne pouvait pas exécuter un jugement qu'il avait obtenu contre un étranger, *a fortiori*, un étranger ne pouvait pas le faire (1). Bacquet néanmoins admet cette opinion à la condition que les deux étrangers « baillent respectivement caution », qu'ils soient tous les deux demandeurs et enfin qu'ils résident en France. M. Boncenne (2) soutient, en s'ap-

1. Parlement de Paris, 23 août 1571.

2. *Traité de procédure*, tome III, p. 183.

puyant sur le texte du recueil de Anne Robert (1), que cet arrêt du Parlement de Paris, obligea seulement le demandeur à donner la caution : d'ailleurs, dit-il, il aurait été injuste de faire supporter à l'étranger défendeur plus de frais qu'au défendeur français.

L'étranger qui se pourvoit en nullité d'une saisie pratiquée contre lui est-il défendeur ou demandeur ? Il sera défendeur, car c'est le saisissant qui est le demandeur originaire et la partie saisie qui est le défendeur originaire (2). Par réciprocité si le saisissant est étranger et la partie saisie française, celle-ci pourra requérir la caution en tout état de cause. Aucune difficulté ne peut s'élever si la saisie est pratiquée en vertu d'un titre exécutoire ou admis par la partie saisie française, mais si celle-ci ne considère pas le titre comme obligatoire pour elle, si elle le conteste, faudra-t-il une caution ? L'affirmative a été adoptée avec raison par le Parlement de Flandre (3).

14. La caution *judicatum solvi* existait-elle pour toutes les matières ?

Dans tous les procès commerciaux, le demandeur

1. *Rerum judicatorum*, lib. IV, cap. 11.

2. Parlement de Douai, 4 janvier 1772, cité par Merlin, *op. cit.*, page 449.

3. 12 janvier 1704. Comparer l'arrêt de la C. de Cass. du 9 avril 1807.

étranger était dispensé de fournir la caution : de même que chaque classe de commerçants constituait une corporation, de même toutes les corporations du monde étaient considérées comme formant une même société, dont tous les membres, dans l'intérêt même du négoce, devaient avoir entre eux des rapports directs ; avec ces idées il était impossible de laisser subsister la caution. Merlin développe cette théorie (1) ; donc s'il y a acte de commerce ou de banque, le demandeur est dispensé de fournir cette garantie ; l'ancien article 6 du Code civil, confirmé par l'article 423 du Code de procédure civile, admettait le même principe. La jurisprudence des anciens Parlements adopta cette doctrine (2), et M. l'avocat général Dupaty, dans un réquisitoire connu, soutint que « le commerce rendait concitoyens tous les hommes qui y étaient livrés ; que leur crédit était une caution suffisante ; qu'on devait attribuer à ce crédit autant de valeur qu'à des biens que tout autre étranger possédait en France ». En matière commerciale la caution n'était donc pas admise.

En était-il de même en matière criminelle ? La question était controversée : d'une part, Bacquet et

1. Merlin, *Répertoire* au mot Caution *judicatum solvi*, p. 450 et 451 ; Merlin, *Questions de droit* au même mot, p. 225.

2. Parlement de Provence, 1er juin et 22 octobre 1617 ; Parlement de Paris, 12 août 1758 ; Parlement de Bordeaux, 1er mars 1777.

Denisart (1) soutenaient qu'il y avait lieu à caution, en disant que si une action criminelle était mal fondée, elle pouvait donner lieu à des dommages-intérêts : d'autre part, Brillon contestait cette extension de la caution, en se retranchant derrière le caractère territorial des condamnations pénales : les dommages-intérêts, en effet, ne sont, pour ainsi dire, qu'accessoires ; ces condamnations sont en outre répressives, et la répression a lieu dans un intérêt national et territorial : on frappe les individus sans tenir compte de leur nationalité, aussi la caution ne pourrait être dans ces circonstances obligatoire.

Il n'y avait pas lieu de réquérir caution en matière d'aliments, car dans ce cas le demandeur se trouverait évidemment dans un état intéressant d'insolvabilité (2). La caution ne devait pas être donnée dans un autre cas : « un médecin spagirique (?) qui avait des lettres patentes du Roi pour débiter certains remèdes dans tout le royaume, pouvait, sans donner la caution *judicatum solvi*, plaider en demandant contre les prévenus de contravention à son privilège ». Etait-ce parce qu'il avait des lettres patentes du roi ou parce qu'il avait une sorte de brevet ? (3).

1. La Tournelle, 7 août 1563.
2. Parlement de Toulouse, 3 février 1730.
3. Parlement de Bordeaux, 9 janvier 1703.

15. La caution était-elle exigible *in limine litis* ? La question a toujours été vivement controversée :

D'après une première opinion, la demande à fin de caution étant une exception dilatoire, une espèce de fin de non-recevoir, doit être proposée avant le fond (1). Selon une deuxième doctrine, adoptée par M. l'avocat général Séguier dans l'affaire Hohenlohe, cette demande peut-être soulevée en tout état de cause : cette opinion faisait jurisprudence à la fin du XVIIIe siècle (2).

Par application de cette deuxième doctrine, Bacquet concluait que la caution était exigible en appel même si elle n'avait pas été exigée en première instance. La jurisprudence adopta cette idée ; elle admit en outre que la caution n'était pas due par un étranger défendant en première instance et appelant en appel (3), car il restait le défendeur originaire (4).

Le même principe s'appliquait si le défendeur étranger introduisait une demande incidente : ce plaideur ne pouvait pas être soumis à une caution, puisqu'il était défendeur originairement.

Mais la caution était-elle tenue de payer l'amende résultant « du frivol appel ? » Le procureur du roi ou le receveur des amendes pouvait-il s'adresser à

1. Arrêts, 27 juin 1705 et 8 août 1718.
2. Grand Chambre, 20 janvier 1734. Arrêt, 23 mai 1781.
3. Parlement de Paris, 16 janvier 1710
4. Parlement de Flandre, 12 janvier 1784.

la caution pour obtenir le payement de cette amende, sauf à la caution de recourir contre l'étranger débiteur principal ? La question fut soulevée devant la Chambre du Trésor et résolue négativement (1). Pierre Dapestigny, à l'appui de la demande, soutenait que la promesse de payer le jugé était générale et indéfinie ; que la sentence donnée par un juge dont on peut appeler n'est pas chose jugée ; que la caution avait promis d'une manière générale de payer tout le jugé ; qu'en conséquence la caution était tenue de payer toutes les condamnations à encourir par l'étranger, tant en première instance qu'en appel, et que, d'ailleurs, elle n'ignorait pas que la sentence à intervenir était susceptible d'un recours. Cette thèse était combattue par la caution qui soutenait la séparation complète des deux instances ; en outre, la fidéjussion était limitée à la personne de l'étranger demandeur, lequel n'avait stipulé que pour lui, et non pour le Roi ; donc la caution ne pouvait avoir plus d'obligations que son ayant-cause ; le défendeur ajoutait qu'il n'y avait pas lieu, dans l'interprétation des stipulations, de s'en rapporter à la pensée des contractants, mais aux clauses et aux conditions de chaque contrat ; qu'enfin la caution n'existait que pour l'instance civile intervenue, qu'elle ne pouvait, en l'absence d'une clause, s'étendre aux pénalités qui pouvaient en résulter. La deu-

1. Chambre du Trésor, 17 décembre 1575.

xième thèse triompha, car la Chambre du Trésor pensa avec raison que la caution ne pouvait être obligatoire envers le roi, puisqu'elle n'avait stipulé que pour le demandeur étranger ; elle jugea enfin qu'en cette matière les conventions doivent être interprétées *stricto sensu.*

Pothier (1) soutient la même théorie : « la caution, dit-il, ne s'oblige qu'avec le défendeur : elle ne contracte qu'avec lui ; elle ne peut donc être tenue que des condamnations qui interviennent à son profit, mais l'amende prononcée contre l'appelant n'est pas à son profit; elle appartient au fisc : la caution n'en peut donc pas être tenue ».

16. Quels étaient les principes qui régissaient la caution en elle-même ?

Il était d'abord admis dans la dernière jurisprudence, que l'exception de la caution pouvait être soulevée en tout état de cause.

En second lieu, si l'étranger introduisait une demande sans que le national soulevât l'exception, cette demande était valable; mais, dès que le régnicole réclamait la caution, tous les actes du demandeur étaient radicalement nuls sur le principal, tant qu'il n'avait pas été jugé sur l'incident : en effet, le droit de requérir une caution fait partie du droit de la défense, et ne pas admettre cette thèse,

1. Pothier, *Œuvres* (2e édition Buguet), tome IX, p. 22.

c'est priver le défendeur d'une partie de son droit de défense, ce qui est contraire à l'ordre public.

La caution était présentée, reçue et acceptée comme la caution judiciaire.

Cette caution « contractait l'obligation de payer non seulement l'objet de la condamnation principale, mais encore tous les accessoires, c est-à-dire les dépens faits tant en première instance qu'en cause d'appel, avec les dommages et intérêts, en cas qu'il y eût lieu d'en adjuger » (1). D'après Denisart (2). la caution ne répondait que des dépens et des dommages-intérêts causés non par la demande principale, mais par l'injustice de la demande actuelle de l'étranger. La caution, suivant Pothier, serait donc plus étendue que suivant Denisart : lequel de ces deux auteurs a raison ? Il est difficile de répondre à cette question, car la jurisprudence ne fournit pas au débat assez d'éléments.

On pouvait remplacer la caution par la consignation d'une certaine somme qui était fixée par le juge ; la caution était donc limitée et non indéfinie : un arrêt du Parlement de Toulouse (3), en date du 11 février 1713, avait ordonné au comte des Armoises de fournir une caution ; celui-ci ne trouva personne, et il offrit une somme de 3.000 livres ; le défendeur re-

1 Pothier, *oper. cit.*, page 22, tome IX.
2. Denisart. *oper. cit.*
3. Merlin, *Répertoire*, *op. cit.*, page 453.

fusa, mais, par un arrêt du 17 mars 1714, il dut accepter l'offre du comte des Armoises.

La caution *judicatum solvi* était, comme toutes les cautions judiciaires, contraignable par corps : si elle mourait, quoique ses biens fussent toujours affectés à la sûreté du défendeur au principal, celui-ci subissait une réduction de garantie, aussi pouvait-il requérir une autre caution (1).

La caution était tenue même après un jugement définitif en cas d'appel ou d'opposition : elle devait, en effet, garantir tous les frais causés par l'action du demandeur principal (2).

Elle était déchargée par un jugement définitif en dernier ressort, même si ce jugement était rétracté sur une requête civile ou cassé, car la requête civile et le pourvoi en cassation sont des voies de recours extraordinaires (3).

17. La caution *judicatum solvi*, qui avait été établie dans le vieux droit français par la jurisprudence, reçut une consécration législative dans le Code civil : l'article 16 obligea le demandeur étranger, en principe du moins, à fournir une caution : ce texte faisait néanmoins une exception en matière commerciale : s'inspirant des idées du vieux droit, le législateur avait pensé que les commerçants faisaient partie

1. Arrêts des 16 avril 1734 et 1er avril 1767.
2. Pothier, *des Obligations*, n° 442.
3. Parlement de Bordeaux, 16 janvier 1672.

d'une même société, qu'ils avaient besoin d'une justice simple et d'un facile accès; mais cette doctrine a été rejetée par la loi du 5 mars 1895 : il aurait été permis de croire que, sous l'influence de la civilisation et des rapports tous les jours plus fréquents des divers États, l'obligation de la caution serait devenue de plus en plus rare : c'était une chimère : la loi de 1895 exige aujourd'hui de tout demandeur étranger une caution, aussi bien en matière civile et criminelle qu'en matière commerciale.

CHAPITRE III

QUI PEUT DEMANDER LA CAUTION

1. C'est l'article 16 du Code civil qui oblige le demandeur étranger à fournir la caution *judicatum solvi*, destinée à couvrir le paiement des frais et des dommages-intérêts résultant du procès qu'il intente.

Qui peut demander la caution ?

Qui doit la fournir ?

La première de ces deux questions sera seule étudiée dans ce chapitre, et ce sera cet article 16 du Code civil qui en donnera la solution : ce texte, par ses termes mêmes et par la place qu'il occupe, permet de déduire deux conséquences.

D'abord tout Français auquel une action est intentée par un étranger, peut exiger que celui-ci fournisse la caution pour sauvegarder ses droits.

Ensuite toute personne, qui jouit en France des droits civils, peut réclamer la caution ; l'étranger autorisé à domicile peut donc la demander.

En principe tout Français ou tout individu jouissant en France des droits civils peut requérir la caution *judicatum solvi*; malgré sa simplicité apparente, cette règle a cependant soulevé plusieurs controverses.

2. A. Il n'y a pas dans le premier cas de controverse : tout français de naissance, par le fait d'un traité, par le bienfait de la loi ou par naturalisation, peut requérir la caution.

N'y a-t-il pas exception à ce principe, si le français est actionné par un étranger dans une de nos possessions coloniales? La question ne semble même pas avoir été posée ; il est impossible d'empêcher dans ce cas le français de demander cette garantie, puisque nos lois sont exécutoires dans nos colonies. Une ordonnance du 16 avril 1843 (art. 19), permet même au défendeur étranger, résidant en Algérie et y possédant un établissement, de réclamer la caution *judicatum solvi* d'un demandeur étranger, à la condition que ce demandeur n'ait dans cette colonie ni un établissement, ni sa résidence habituelle (1) ; donc *a fortiori* un défendeur français pourrait-il être admis à requérir la caution, en admettant que nos lois ne fussent pas exécutoires dans nos possessions.

Sans aucune hésitation, il faut décider que, dans nos colonies, un indigène non citoyen français peut soulever l'exception de la caution, s'il n'est pas, en effet, citoyen français, il est français. Par applica-

1. Alger, 25 octobre 1885, *Rev. algérienne*, 1886, p. 195.

tion du même principe, on admettra qu'un défendeur citoyen français ne pourra pas réclamer la caution d'un demandeur indigène.

L'exception de la caution *judicatum solvi* ne pourra jamais être soulevée devant un tribunal indigène statuant en matière indigène : il s'agit, en effet, d'une règle de procédure qui est soumise à la *lex fori*.

Le français peut dont exiger la caution *judicatum solvi* toutes les fois qu'il sera actionné par un demandeur étranger : il n'est pas nécessaire que le litige soit porté devant un tribunal de France, il suffit qu'il s'agisse d'un tribunal français, même d'un tribunal consulaire (1) : peu importe que le défendeur soit ou non citoyen ; il faut seulement qu'il soit Français.

3. Il y a une seconde catégorie de défendeurs qui ont le droit de requérir la caution *judicatum solvi* ; ce sont tous ceux qui ont la jouissance en France des droits civils ; cette disposition vise surtout les étrangers autorisés par décret à fixer leur domicile dans notre pays (art. 13 du Code civil).

Aucune controverse n'a été soulevée à ce sujet : l'article 13 donne, en effet, à l'étranger admis à domicile, la jouissance en France de tous les droits civils. Donc celui-ci peut exiger la caution. La juris-

1. Constantinople, 31 juillet 1874, *J. de D. int. privé*, 1876, page 101.

prudence a toujours appliqué ce principe, et c'est un arrêt de la Cour d'Orléans (1), qui, le premier, a tiré cette déduction logique de la combinaison des articles 13 et 16 du Code civil. Cette jurisprudence a d'ailleurs été confirmée avec raison, car il est hors de doute que le droit de réclamer la caution soit un droit civil.

Cette solution est conforme aux principes. en effet, l'article 13 du Code civil accorde à l'étranger, autorisé à fixer en France son domicile et l'y établissant en réalité, la jouissance de tous les droits civils; il est incontestable, d'autre part, que le droit de réclamer la caution *judicatum solvi* est un droit civil; cet étranger jouit donc de la faculté d'exiger cette caution, lorsqu'il a été autorisé à fixer en France son domicile.

Cette solution, adoptée par la doctrine, a été confirmée par la jurisprudence.

Il faut assimiler aux français admis à fixer en France leur domicile ceux qui, par un traité, jouissent dans notre pays des droits civils: il est incontestable, en effet, que la faculté d'ester librement devant les tribunaux, sans fournir de caution, est bien un droit civil.

4. On connait les personnes qui peuvent requérir la caution; il est permis d'en conclure maintenant

1. 26 juin 1828; Dalloz, P. 1828, II, p. 164.

quelles sont celles qui sont privées du droit de la réclamer.

Les étrangers, en l'absence d'un traité, auront-ils le droit de requérir la caution ? Cette question vivement controversée sera résolue plus tard dans un sens négatif; les étrangers constituent donc une première catégorie de personnes privées de cette sûreté.

Il y a une seconde classe d'étrangers qui ne peuvent pas demander la caution : il s'agit de ceux qui, ayant obtenu l'autorisation de fixer en France leur domicile, n'auront pas obtenu leur naturalisation dans un délai de cinq années : d'après la loi du 26 juin 1889, qui a enlevé à l'admission au domicile sa durée illimitée, cet étranger est assimilé à ceux qui n'ont jamais obtenu l'autorisation de fixer en France leur domicile; il est évident dès lors que ces étrangers n'auront plus le droit de requérir la caution, après l'expiration de ce délai de cinq années.

L'autorisation de fixer son domicile en France est accordée à un père de famille, s'étendra-t-elle à sa femme et à ses enfants ? La question présente de l'intérêt pour les actions qui peuvent les concerner, car si on admet la solution affirmative, elle entraînera la dispense de la caution pour les actions intentées par cette femme ou par ces enfants. Avant 1889 il y avait déjà controverse. D'après M. Lainé, il faut adopter cette extension : l'autorisation demandée par le père est collective, c'est-à-dire qu'elle concerne toute la famille, car la femme et les enfants ont de droit le domicile du mari et du père. La loi du 26 juin 1889 (art. 13) a confirmé cette doctrine : en cas de décès avant la naturalisation, l'autorisation et le temps de stage qui a suivi profiteront à la femme et aux enfants qui étaient mineurs au moment du décret d'autorisation ; c'est donc une preuve que cette admission s'étend à toute la famille de l'étranger. On a objecté, à tort, que l'article 13 concernait seulement la naturalisation, car l'admission à domicile a une importance moins grande que la naturalisation (1). Cette doctrine a d'ailleurs été confirmée par un jugement récent (2).

Voici un étranger qui est établi en France, et qui, en vertu d'un traité, est dispensé de fournir la caution *judicatum solvi*, pourra-t-il l'exiger d'un autre étranger ? La solution négative ne fait aucun doute. D'abord cet étranger, quoique dispensé de donner caution, n'en est pas moins privé de la jouissance des droits civils. Ensuite, il ne serait pas logique d'accorder à cet étranger une protection dont serait privé son adversaire.

On peut peut donc dire que tous les étrangers qui n'ont pas en France un domicile autorisé ou

1. Cours de M. Laîné.

2. Paris, 13 août 1889 ; *Le Droit*, 20 octobre 1880.

qui n'en sont pas dispensés par un traité, doivent fournir la caution ; dès lors seront tenus de donner cette garantie tous les étrangers qui, après avoir obtenu le droit de fixer dans notre pays leur domicile, auront laissé s'écouler cinq années sans obtenir leur naturalisation ; il ne faudra tenir compte ni de la durée de leur résidence, ni de l'exemption dont ils pourraient jouir, de fournir eux-mêmes la caution.

5. Une célèbre controverse a divisé la doctrine sur la question suivante : l'étranger défendeur au principal peut-il requérir la caution ? La solution affirmative, en se plaçant à un point de vue très général, peut s'expliquer par la généralité même des termes des articles 16 du Code civil et 166 du Code de procédure civile : le premier texte stipule que tout étranger est tenu de fournir la caution, mais il ne dit pas à qui elle devra être donnée, aussi est-il permis d'en conclure, à la première lecture, que le législateur n'a pas voulu distinguer entre le défendeur national et le défendeur étranger : d'ailleurs, les auteurs n'admettent-ils pas que l'étranger autorisé à domicile peut exiger ? Dès lors on en peut déduire que ce n'est pas la qualité de français qui donne le droit de requérir la caution. L'article 166 du Code de procédure civile est conçu dans des termes aussi généraux, et il est étonnant qu'après avoir stipulé explicitement que seul le demandeur

étranger doit fournir la caution, il ne parle que du « défendeur », sans lui donner aucune épithète. Ces deux textes peuvent donc susciter une équivoque.

Supposons d'abord qu'il s'agisse d'une demande introduite par un étranger contre un étranger. Si cet étranger citait en justice un Français, il devrait bailler caution, pourquoi, par analogie, un étranger défendeur ne pourrait-il pas exiger la même protection ? Voilà une première opinion qui s'appuie sur d'autres arguments : aucun texte n'enlève aux étrangers le droit de réclamer la caution *judicatum solvi,* et quand la loi ne distingue pas, pourquoi les jurisconsultes distingueraient-ils ? En outre, les étrangers défendeurs sont aussi dignes d'intérêt que les nationaux défendeurs : ils se présentent avec confiance devant la justice, ils soumettent à nos tribunaux leurs litiges, et il n'y a aucune raison pour qu'ils estent en justice avec une condition inférieure à celle des nationaux. Tous les plaideurs doivent, d'après cette doctrine, se présenter avec des droits égaux devant la justice, aussi ne peut-on admettre que les étrangers soient privés d'un droit qui appartient à tous les Français.

En second lieu, il faut surtout envisager le but de la caution ; celle-ci a eu en vue bien plus l'impossibilité pour le défendeur d'obtenir à l'étranger un jugement le couvrant des frais et des dommages-intérêts que les résultats fâcheux de l'insolvabilité présumée du demandeur : qu'un étranger défendeur, en effet, obtienne contre un étranger demandeur un jugement, celui-ci, en vertu du principe de la souveraineté, ne sera pas exécutoire sur le territoire d'un autre Etat, aussi convient-il d'accorder à l'étranger le droit de réclamer la caution pour le couvrir des frais et des dommages-intérêts.

Les partisans de cette doctrine ajoutent que le droit de requérir la caution n'est pas un droit civil : à leur avis, c'est seulement une garantie imposée dans l'intérêt de la défense : or le *jus gentium* reconnait aux étrangers le droit de se défendre, et il leur en assure l'exercice avec tous ses effets ; la caution peut donc être exigée par les étrangers, car c'est un droit de la défense.

Cette opinion, soutenue par un grand nombre d'auteurs (1), présente une apparente logique, mais elle se heurte au but même de la caution, à l'ancien droit, aux intentions du législateur et aux textes eux-mêmes.

Le but véritable de la caution est de protéger le national contre les instances téméraires des étrangers : cette idée résulte de la vieille fidéjussion germanique et de l'ancien droit français. Bacquet cite un arrêt du Parlement de Paris (2) qui autorise la

1. Merlin, *Répertoire*, *Cautio jud. solvi*, § 1, n° 7 ; Demangeat, *op. cit.*, p. 400 ; Huc, I. n° 284 ; Despagnet n° 280, etc.
2. 23 août 1571.

caution entre deux étrangers, à la condition qu'ils « baillent respectivement cette caution », qu'ils demeurent en France et qu'ils soient respectivement demandeurs. La nécessité même de ces conditions permet de conclure que l'étranger demandeur, dans une instance ordinaire, n'est pas admis à requérir la caution. Un texte de Pothier (1) confirme, d'ailleurs, cette interprétation de la jurisprudence des anciens Parlements.

Sans doute aucun texte n'enlève aux étrangers l'exercice de ce droit : mais on peut répondre qu'aucun texte ne le leur accorde. Les intentions du législateur moderne sont formelles, et elles sont conformes à l'ancienne jurisprudence. La place même de l'article 16 du Code civil, à la suite de l'article 15, qui s'occupe seulement du Français défendeur, ne laisse aucun doute. Le Code civil ne s'occupe d'ailleurs pas, comme le fait remarquer M. Demangeat (2), des contestations entre étrangers. Il est impossible, en outre, de soutenir qu'enlever ce droit à l'étranger c'est lui donner une situation inférieure ; empêcher l'étranger d'exiger la caution, c'est, au contraire, rétablir entre les parties l'égalité devant les tribunaux, car aucun des deux étrangers ne peut être présumé posséder plus de biens en France que l'autre ; admettre la thèse contraire, c'est protéger un des étrangers contre l'autre.

1. Pothier, *Des personnes*, part. I, tit. II, sect. 2.
2. Demangeat, *Droit international*, tome I, p. 249.

Enfin, le droit de requérir la caution est un droit strictement civil. Une question très controversée se pose à ce sujet : quels sont les droits dont un étranger n'étant pas admis à domicile en France peut jouir ? Cette question suppose évidemment qu'il n'y a pas de traité établissant un régime de réciprocité entre les deux pays. Il est impossible de discuter ici cette controverse ; néanmoins, il faut observer que la thèse accordant à l'étranger le droit de réclamer une caution, s'appuie sur le système donnant aux mots « droits civils » leur plus grande extension, et les confondant complètement avec les droits privés ; cette doctrine est rejetée par la majorité des auteurs et par la jurisprudence. Il est admis aujourd'hui que l'étranger jouit en France de tous les droits privés qui dérivent du droit naturel ; il est admis à invoquer ceux qui dérivent du droit civil sous les conditions exigées par les articles 11 et 13 du Code civil ; c'est aux tribunaux qu'il appartient de faire la distinction. Dès lors pour que la *cautio judicatum solvi* appartienne à l'étranger défendeur, il faut que ce soit un *jus gentium* ou qu'un texte le lui accorde expressément : de texte il n'y en a aucun : quant à voir dans la caution un droit naturel, il n'y faut pas penser : cette institution répond à des considérations d'ordre économique et de protection nationale, qui la réservent aux seuls Français : le but de cette sûreté est précisément de restreindre « le droit naturel » de plaider : le droit à la caution ne peut donc être un droit naturel (1).

Cette controverse, dont les principaux éléments ont seuls été développés, doit donc se résoudre dans un sens négatif : les étrangers défendeurs ne doivent pas être admis à requérir une caution des demandeurs étrangers. Cette opinion a d'ailleurs été confirmée par une jurisprudence constante : un arrêt de la Cour de Paris, en date du 24 décembre 1880 (2) adopte cette thèse par les motifs suivants :

« Attendu qu'il est de principe incontestable en droit, que c'est au Français seulement qu'appartient la faculté de réclamer le bénéfice des articles 16 du Code civil et 166 du Code de procédure civile ;

« Attendu qu'il est, en effet, fondé sur ce double motif que la caution *judicatum solvi* constitue un privilège de nationalité et que deux étrangers plaidant l'un contre l'autre sont dans des conditions identiques d'égalité relativement aux conséquences du jugement à intervenir sur le litige. »

6. Il faut étudier certaines questions qui ont été

1. Baudry-Lacantinerie. *Traité de droit civil* : Des personnes, tome I, n° 682 ; Weiss, p. 758 et 759 ; Fuzier Herman, art. 16, n° 54 ; Trib. Seine, 17 janvier 1885, *Journal de Clunet*, 1885, p. 174 ; Trib. comm. Seine, 25 octobre 1895, *Journal de Clunet*, 1897, p. 326.

2. *Journal de Clunet*, 1882, p. 192.

soulevées dans la pratique et dont la solution offre quelque intérêt.

Voici un tuteur qui représente comme défendeur son pupille, faudra-t-il s'en rapporter à sa nationalité ou à celle du mineur? La doctrine et la jurisprudence ont toujours décidé avec raison qu'il faut tenir compte de la nationalité du pupille : en effet, quand le tuteur est défendeur dans une instance, ce n'est pas lui, mais le mineur qui est en cause ; ce n'est pas le tuteur qui plaide, c'est le pupille ; il est donc naturel de s'en rapporter à la nationalité du pupille ; si celui-ci est français ou s'il jouit de nos droits civils, il pourra requérir la caution (1).

Cette solution n'a pas été admise par un jugement du tribunal de Bruxelles : cette décision a établi qu'un tuteur étranger, demandeur au nom d'un mineur belge, devait donner une caution ; cette doctrine ne saurait être adoptée (2).

7. Un exécuteur testamentaire français peut réclamer d'un demandeur étranger la caution *judicatum solvi*, lorsque le testament constitue un étranger légataire universel (3). Mlle Bourgier était morte laissant un

1. Trib. Bruxelles, 18 novembre 1859; *Pasicrisie*, 1862, t. II, 217.

2. Cassation, 16 février 1875, S. 1875, I, page 193, dissertation de M. Labbé.

3. Paris, 24 décembre 1880, *Journal de droit international privé*, 1882, tome IX, page 192.

testament aux termes duquel elle nommait M. Texier, un Français, son exécuteur testamentaire, et instituait M. Narbult, originaire de Pologne, son légataire universel : les héritiers de la comtesse Puslowska, dont Mlle Bourgier était la dame de compagnie, ayant attaqué MM. Narbult et Texier, ceux-ci soulevèrent l'exception de la caution *judicatum solvi* ; les demandeurs contestèrent cette prétention en soutenant que M. Narbult, comme étranger, ne pouvait exiger cette garantie, et que M. Texier, agissant seulement dans l'intérêt d'un étranger, était dans le même cas. La Cour de Paris admit le système des héritiers de la comtesse Puslowska, en ce qui concernait M. Narbult, car il ne justifiait pas de la qualité de Français, et dès lors, étant étranger, il devait plaider contre un autre étranger « dans des conditions identiques d'égalité relativement aux conséquences du jugement à intervenir sur le litige ». En ce qui concerne M. Texier, au contraire, la Cour admit sa prétention par les motifs qui suivent :

« Considérant que Texier agit en sa qualité d'exécuteur testamentaire de la dame Bourgier, qu'à ce titre et en vertu des prescriptions de l'article 1031 du C. civil, il intervient dans l'instance pour soutenir la validité du testament ;

« Que s'il est vrai qu'aux termes de l'article 1034 les frais faits par lui dans l'exercice de ses fonctions doivent rester à la charge de la succession et qu'il soit personnellement exonéré, il n'est pas possible d'inférer de là qu'il n'ait pas le droit et même le devoir d'exercer toutes les actions et même d'élever toute exception qui lui appartiennent pour assurer l'exécution du testament ;

« Qu'il est donc recevable à provoquer en justice toute mesure dont l'objet est d'éviter une perte ou un préjudice à l'hoirie dont l'administration lui a été confiée par le testateur ;

« Que Texier est fondé aussi en son exception à l'égard des contestants qui sont étrangers. »

Cette décision ne paraît pas conforme à la loi : l'exécuteur testamentaire, en effet, est un mandataire, et on sait que le mandataire reçoit le pouvoir de faire quelque chose au nom du mandant : le mandataire représente donc le mandant : il agit et parle en son nom, et *qui mandat ipse fecisse videtur*. C'est donc la nationalité du mandant (celle de Mlle Bourgier) et non celle de l'exécuteur testamentaire (M. Texier) qu'il fallait considérer ; dans les deux cas, la solution se trouve dans l'espèce être la même, mais on y arrive par des motifs différents.

8. Un étranger meurt après avoir épousé une française d'origine ; celle-ci recouvre la nationalité française en vertu de l'article 19 du Code civil : est-elle fondée à soulever l'exception de la caution *judicatum solvi* dans une instance intentée par son mari défunt ? La solution affirmative a été adoptée par un jugement du tribunal civil de la Seine (1) : en effet, celui-ci ayant été d'abord saisi d'une demande entre deux étrangers pouvait se déclarer incompétent d'office ; il était contraint de statuer seulement lorsque la veuve intervint, à cause de sa qualité de française ; dès lors la cause n'était pas en état, en vertu des article 342 et 343 du Code de procédure civile ; en outre, la substitution d'une défenderesse française à un défendeur étranger n'était le résultat d'aucune collusion. Le tribunal de la Seine eut donc raison d'admettre l'exception de la caution *judicatum solvi* pour couvrir la défenderesse des frais qui pourraient lui incomber à la suite de l'instance.

9. Une dernière question a été soulevée : l'autorisation donnée à un incapable d'ester en justice, lui confère-t-elle le droit d'exiger d'un demandeur étranger la caution *judicatum solvi*? La Cour de Lyon a jugé avec raison dans le sens de l'affirmative (2) : en effet, dès qu'une commune est autorisée à ester en justice, elle peut par cela même proposer toutes les exceptions qui entrent dans sa défense, pourvu que celles-ci constituent des moyens directs de défense contre la demande ; en outre, on ne peut contester que la caution *judicatum solvi* soit une simple exception de procédure.

1. 17 janvier 1885. *Le Droit* du 28 janvier 1885.
2. 26 juin 1873, D. P. 1874. II, 120.

CHAPITRE IV

QUI DOIT FOURNIR LA CAUTION

1. L'article 16 du Code civil stipule que tout étranger demandeur ou intervenant est tenu de fournir la caution *judicatum solvi*. Deux conditions, en théorie générale, sont donc exigées pour obtenir cette sûreté : il faudra d'abord qu'il s'agisse d'un étranger, mais, dans la pratique, il en sera souvent dispensé, car le Code civil et le droit conventionnel ont tempéré la rigueur de ce principe. En second lieu, cet étranger devra être demandeur principal ou intervenant pour être obligé de donner une caution : on peut en conclure que le défendeur n'y est jamais astreint : en effet, la défense a toujours été considérée dans la législation française comme de droit naturel, et dès lors il est impossible d'exiger du défendeur une caution.

Les deux conditions, qui permettent au défendeur de réclamer du demandeur étranger une caution *judicatum solvi*, ont causé de nombreuses controverses, qui formeront la matière de ce chapitre. Il est néanmoins permis de résoudre d'abord cette question d'un intérêt général : à quelle époque le juge devra-t-il se placer pour exiger ces deux conditions ? Sera-ce au jour où l'action a été intentée ? Sera-ce à celui où le procès vient en ordre utile pour être plaidé ou jugé ? Sera-ce, enfin, au jour où l'obligation est devenue parfaite ?

La jurisprudence a toujours décidé que c'était au moment où le litige s'ouvrait qu'il convenait de se placer ; elle a appliqué ce principe dans diverses espèces.

Un individu contracte comme Français une obligation ; il devient étranger et intente une action pour obtenir l'exécution de cette obligation : est-il tenu de donner la caution ? Par application du principe admis, il faut adopter la solution affirmative : c'est, en effet, au moment même de la demande qu'il faut se placer ; le demandeur n'avait qu'à rester Français s'il avait voulu conserver le libre accès aux tribunaux nationaux ; d'ailleurs le droit d'être exempt de la caution n'est pas attaché à la créance, mais il dérive seulement de la qualité du demandeur (art. 16, Code civil) ; mais cet étranger a perdu la nationalité française, donc il ne peut plus se présenter devant nos tribunaux avec les avantages inhérents à la qualité de Français (1).

1. De Folleville, *Traité de la naturalisation*, pages 519 et 520, nos 682-684.

La même argumentation fait décider que l'étranger devenu français n'est jamais tenu de fournir la caution, s'il intente une action postérieurement à l'acquisition de sa nouvelle nationalité.

Un Français succède à un étranger qui est créancier d'un autre Français, sera-t-il obligé de donner une caution avant d'exercer son droit de créance à l'encontre de son débiteur ? La solution négative ne saurait être contestée, puisque, au moment où l'action est intentée le demandeur est Français et non étranger.

De même il a été jugé qu'un étranger estant en justice comme propriétaire d'un immeuble en France ou comme représentant des droits d'un Français est tenu de fournir la caution (1).

Deux conditions seront donc exigées pour réclamer la caution *judicatum solvi* : il devra d'abord s'agir d'un étranger ; en second lieu, le demandeur seul sera tenu de fournir cette garantie. C'est au moment où l'instance est engagée qu'il faudra toujours se placer pour exiger l'accomplissement de ces deux conditions.

2. A. Une première condition est nécessaire pour qu'un individu soit tenu de donner la caution : il faut qu'il soit étranger ; seul l'étranger peut y être astreint, aussi doit-on en conclure qu'aucun Français ne saurait y être soumis ; les articles 16 du Code civil et

1. Seine, 13 avril 1877, *Journ. de dr. int privé*, 1878, page 160.

166 du Code de procédure civile ne laissent aucun doute à ce sujet.

Dans l'ancien droit français (1) et dans certaines législations étrangères, il n'en est pas de même : la caution est exigée non seulement quand il y a un étranger demandeur, mais encore, dans certains cas indiqués, quand le demandeur est un national, et qu'à raison de certaines circonstances, on peut mettre en doute sa solvabilité ou la légitimité de l'action qu'il intente.

D'après l'article 16 du Code civil, tout étranger est donc tenu de fournir la caution, s'il en est requis ; tout individu qui, aux yeux de la loi française, sera étranger devra donner cette garantie, sans qu'il soit nécessaire de rechercher comment il a acquis sa nationalité. Il n'est donc pas besoin qu'un individu ait une nationalité pour être astreint à la caution ; si l'on admettait le contraire, on favoriserait l'heimathlos au préjudice de celui qui a une patrie.

Tous les Français seront dispensés de fournir caution ; peu importera qu'un individu soit regardé comme étranger dans un pays, car c'est à sa loi nationale qu'il faut s'en rapporter ; qu'il soit Français d'après notre loi, il ne sera pas soumis à cette garantie.

Il n'y aura p[illegible] à rechercher comment cet individu

1. Merlin, *Répertoire et Questions de droit*, au mot : Caution *judicatum solvi*.

aura acquis la nationalité française : la doctrine et la jurisprudence ne sauraient distinguer quand la loi (art. 16) ne distingue pas ; qu'il s'agisse d'un Français d'origine ou d'un Français par acquisition, la dispense de caution existera toujours. Il a été jugé qu'une étrangère d'origine, mariée à un Français, n'était pas tenue de donner la caution (1) : en effet, l'étrangère qui épouse un Français devient Française en vertu de l'article 12 du Code civil.

Les étrangers qui, en vertu d'un traité, jouissent en France des droits civils, sont dispensés de la caution, car le libre accès des tribunaux constitue un droit civil.

3. L'article 16 ne distingue pas : tous les étrangers sont tenus de donner une caution ; mais ce principe subit plusieurs restrictions.

L'étranger qui est admis à domicile est-il tenu de fournir caution ? En vertu de l'article 13 du Code civil, il est admis à la jouissance des droits civils, et il est incontestable que le droit d'ester en justice sans fournir une préalable caution est un droit civil (2) ; il ne suffit pas cependant que cet étranger ait demandé l'autorisation d'établir son domicile en France pour qu'il soit dispensé de cette garantie ; il faut que l'autorisation ait été expressément accordée (3) : en

1. Bourges, 17 janvier 1820.
2. Aubry et Rau, VIII, n° 229 ; Demolombe, I, n°s 259 et 266.
3. Orléans, 26 juin 1838. Dalloz, au mot *exception*, n° 29.

effet, l'étranger ne jouit des droits civils que du jour où le gouvernement a autorisé en France son domicile. Peu importera d'ailleurs que cet étranger ait ou non son domicile de fait dans notre pays : cette condition ne suffirait pas pour le dispenser de cette garantie (1) ; il est étranger, et l'article 16 n'a pas fait de distinction entre celui qui a son domicile de fait en France et celui qui ne l'a pas : en Algérie seulement, comme on l'a vu, cet élément est considéré (2).

Cette question a d'ailleurs toujours été résolue dans ce sens, à la condition que l'autorisation au domicile existe au moment où l'on plaide sur l'exception (3).

4. Le souverain étranger qui est demandeur devant un tribunal français, doit-il fournir la caution ?

La question s'était déjà posée dans l'ancien droit, et avait été résolue dans un sens affirmatif : M. l'avocat général Séguier, avait soutenu alors cette doctrine (4).

De nos jours, la question est vivement controversée.

D'un côté, M. Laurent (5) défend la dispense de

1. Aubry et Rau, VIII, n° 129.
2. *Suprà*, chapitre III, page 46.
3. Bruxelles, 1er juillet 1826. Dalloz, au même mot, 107. Vincent et Pénaud, n° 161.
4. Arrêt, 11 janvier 1777. Voir *Historique*, p. 27.
5. Laurent, *Droit civil international*, tome IV, n° 7.

la caution ; il n'aime pas beaucoup cette garantie, qu'il considère comme une violation de la liberté : il proteste contre une décision anglaise qui a obligé le roi de Grèce à fournir une caution. « J'admire, écrit-il, cette égalité qui met sur la même ligne le roi et le sujet ». L'argument n'est peut-être pas très fondé, car c'est souvent des Etats ou des souverains qu'il faut se défier ; mais M. Laurent est conséquent avec sa doctrine : il n'admet pas la caution *judicatum solvi* : on ne peut espérer qu'il la trouve légitime quand il s'agit d'un souverain.

Ce n'est pas à ce point de vue qu'il faut étudier cette question : nous chercherons plus tard les caractères que la caution devrait avoir ; il faut nous contenter d'interpréter la loi, et il est incontestable que l'article 16 n'a pas voulu dispenser les souverains de la caution : ses termes sont généraux, et il est dès lors impossible d'admettre d'autres exceptions que celles prévues par des textes formels, c'est-à-dire par des traités. Les arguments que faisait valoir Séguier pour soumettre à cette garantie les souverains n'ont pas disparu : un souverain est en général un débiteur difficile à poursuivre ; voudra-t-on obtenir l'exequatur du jugement obtenu contre lui en France, on se heurtera certainement à la mauvaise volonté des tribunaux du monarque. La caution, à notre avis, est très légitime en ce cas, car elle constitue une véritable protection pour le défendeur français : personne ne force ce souverain à plaider, et du moment qu'il saisit le tribunal de son instance, il renonce à toutes ses immunités : la souveraineté de l'Etat étranger ne subit aucune atteinte, puisque c'est son chef qui a mis l'action en mouvement. La jurisprudence et la doctrine ont presque unanimement adopté cette théorie (1).

La même solution devra être adoptée pour les agents diplomatiques et consulaires : ils sont étrangers ; dès lors, aux termes de l'article 16, ils sont soumis à la caution ; ils ne sauraient d'ailleurs avoir plus de privilèges que les souverains dont ils relèvent.

En Angleterre, la caution *judicatum solvi* existe aussi, et un arrêt de la Cour de Londres (2), s'appuyant sur l'article 34 de l'acte de 1861 (24, Vict. c. 10), a décidé que le gouvernement belge devait fournir une caution avant d'intenter une action en Angleterre : cette caution, ce qui devient alors exorbitant, devait atteindre, le montant de la demande, c'est-à-dire un chiffre très élevé ; on ne peut admettre ce second principe, car ce serait pour les nationaux un moyen dilatoire d'écarter les actions des étrangers : il s'agissait en l'espèce d'un navire ap-

1. Weiss, p. 760 ; Aubry et Rau, VIII, § 747 *bis* ; Demolombe, I, n° 255 ; Seine, 19 décembre 1841, *Gaz. des Tribunaux*, 20 décembre 1841.

2. Londres, 28 janvier 1885, *J. de Dr. int. privé*, 1887, p. 349.

partenant à la Belgique et qui avait été abordé par un vapeur anglais.

5. Les sociétés étrangères ont donné lieu à plusieurs controverses. Mais il faut d'abord connaître les éléments qui rendent une société étrangère (1) ; cette question a été vivement discutée : les uns admettent que le principal établissement de la société devra seul être considéré : les autres soutiennent qu'un siège social, établi en France, suffit pour que la société soit française. La jurisprudence a décidé (2) que la société a une personnalité distincte de celle des associés, et que sa nationalité doit être déterminée non par la nationalité de ses associés, mais par le lieu de son siège social ou de son principal établissement.

Quand une société devra-t-elle fournir la caution *judicatum solvi* ? Il faut faire une distinction.

Pour les sociétés anonymes, dans lesquelles l'*intuitus personæ* ne joue aucun rôle, il ne saurait y avoir de doute : elles ont incontestablement une personnalité distincte, et il ne saurait être question de considérer la nationalité de ses actionnaires, ce qui serait souvent très difficile ; on ne tiendra aucun compte de la nationalité de ses administrateurs (3).

1. *Journal des Sociétés civiles et commerciales*, tome I, p. 32-41. Voir article de M. Lyon-Caen.

2. Trib. Nancy, 16 avril 1883, Sirey, 1888, II, p. 89-92.

3. Trib. Nevers, 15 déc. 1891 ; *Rev. pr. dr. int. pr.*, 1892, I, 187.

Une société est-elle étrangère, c'est-à-dire a-t-elle son siège social ou son principal établissement hors de France, elle devra fournir une caution, sauf s'il existe une convention.

La question est plus complexe s'il s'agit d'une société en nom collectif ou en commandite.

Deux opinions sont en présence :

D'après un premier système (1), c'est la nationalité de la société qu'il faut considérer et non celle des associés ; un jugement du tribunal de Nancy (2), a décidé qu'une société en nom collectif établie en France entre un étranger et un français, ayant son siège social dans notre pays, est française, et dès lors ne peut être tenue de fournir la caution. A l'appui de cette thèse, on fait valoir la distinction entre l'être moral constitué par la société et les différents associés, et dès que cette société est française, peu importe qu'elle soit formée par des étrangers ou des français : d'ailleurs, une société — et c'est un point qui n'a jamais été contesté — peut avoir un autre domicile que celui de ses membres, pourquoi devrait-elle avoir la même nationalité qu'eux ? Au point de vue pratique, il serait souvent impossible de savoir si une société est française ou étrangère en adoptant un autre système, car quel criterium faudrait-il adopter ? Serait-ce celui de la majorité des

1. Weiss, p. 762 ; L. Renault, *Revue critique*, 1885, p. 603.
2. Nancy, 16 avril 1883, Sirey, 1888, II, p. 89.

associés ? Mais serait-ce la majorité en considérant le nombre ou les intérêts de ces associés ? M. Chavegrin, à l'appui de cette thèse, donne des raisons d'ordre moral (1) : dès qu'une société, composée d'étrangers, s'établit en France, elle représente, pour ainsi dire, un intérêt français, et elle doit pouvoir ester en justice dans les mêmes conditions qu'une société formée par des nationaux ; il cite la loi du 23 juin 1857 (art. 5), aux termes de laquelle « les étrangers qui possèdent en France des établissements d'industrie ou de commerce, jouissent, pour les produits de leurs établissements, du bénéfice de la présente loi, en remplissant les formalités qu'elle prescrit » : les marques des étrangers, par exemple, jouissent en France de la même protection que celles des français, si les conditions de l'article 5 sont réalisées. Ces sociétés, enfin, ont en France leur principal établissement : elles y possèdent, en fait au moins, des meubles, des marchandises, dont la valeur est suffisante pour garantir les défendeurs français contre les actions téméraires de ces sociétés. Tous ces arguments sont de nature à faire adopter cette première opinion.

D'après un second système, la société en nom collectif, formée entre étrangers, a la même nationalité que les membres qui la composent, bien

1. Voir la note de M. Chavegrin au Sirey, 1888, II, p. 89-92.

qu'elle soit établie en France, l'exception de la caution *judicatum solvi* peut donc être opposée à la demande de cette société (1). Cette opinion exclut toute société où il y a au moins un Français, ce qui fait disparaître une des objections du premier système. La question à résoudre est donc celle-ci : une société composée d'étrangers et établie en France doit-elle la caution ? A l'appui de cette doctrine, on fait ressortir les rapports intimes qui existent entre cette société *intuitu personæ* et ses membres ; l'existence, la fin de cette société dépendent de ses associés : aussi quoiqu'elle possède une personnalité distincte de celle de ses membres, elle doit avoir le même statut qu'eux, surtout dans les questions essentielles. D'ailleurs, ajoute-t-on, admettre le premier système c'est faciliter la fraude : des étrangers constitueront une société française dans le seul dessein de tourner la loi, et il est irrationnel qu'ils soient dispensés d'une caution, alors qu'ils y auraient été tenus s'ils avaient individuellement plaidé. Malgré ces considérations le premier système doit être adopté.

Les sociétés anonymes françaises sont donc toujours dispensées de la caution ; quant aux sociétés dans lesquelles *l'intuitus personæ* domine ; il y a deux hypothèses : sont-elles composées par des étrangers et un Français au moins, elles ne sont pas astreintes à fournir la caution ; sont-elles, au contraire, for-

1. Trib Seine, 26 mai 1884. Sirey. 1888, II, p. 89-92.

mées seulement par des étrangers, elles doivent être tenues à cette garantie.

6. Des difficultés nombreuses ont été soulevées après l'annexion de l'Alsace-Lorraine à l'Allemagne au sujet de la nationalité des indigènes : les uns ont été regardés comme Allemands, en Allemagne et comme Français en France : mais ce sont des conflits qui n'ont souvent qu'un rapport indirect avec la caution *judicatum solvi*. La seule question qui se pose est la suivante : un Alsacien est considéré comme Allemand en Allemagne, et comme Français par la loi française, est-il tenu de fournir une caution, s'il est demandeur devant un tribunal français ?

Le principe que nous avons établi au début doit être appliqué : c'est au moment de l'instance et à la *lex fori* qu'il faut s'en rapporter pour savoir s'il y a lieu ou non à la caution.

Le tribunal de Gaillac a du juger la question suivante : la déclaration d'option faite par un enfant mineur originaire de l'Alsace-Lorraine, avec le consentement de son père est-elle valable? Le Tribunal l'admit, et comme conséquence décida que ce mineur devenu majeur, et demandeur dans une instance contre des Français, n'était pas tenu de fournir une caution ; il importait peu qu'il y eût désaccord entre les interprétations française et allemande, car c'était à notre loi qu'il fallait s'en référer (1).

7. Néanmoins il y a d'autres cas qui ont été soulevés dans la pratique, et dans lesquels on ne saurait astreindre les demandeurs étrangers à fournir une caution *judicatum solvi*.

La femme née française qui, ayant épousé un étranger, recouvrera sa première nationalité, en vertu de l'art. 19 du Code civil, sera dispensée de fournir cette garantie : peu importera que l'action ait été mise en mouvement par son mari, puisque c'est au moment du litige qu'il convient de se placer pour décider si cette exception est recevable ou non (2). Il est incontestable que cette substitution d'un défendeur français à l'étranger primitivement assigné n'a rien de collusoire : la cause n'est pas encore en état, et l'exception peut être soulevée d'après les articles 342 et 343 du Code de procédure civile.

Les indigènes algériens ne pourront pas être tenus de donner caution : s'ils ne sont pas, en effet, citoyens français, ils sont Français, ce qui constitue une condition suffisante pour en être dispensé ; cette solution était consacrée par la jurisprudence (3),

1. Gaillac, 25 juillet 1888 ; Sirey, 1890, II, p. 22.
2. Trib. Seine (5e chambre), 17 janvier 1883. *Le Droit* du 28 janvier 1885.
3. Paris, 2 février 1839. Sirey, 1839, II, 334.

même avant que le sénatusconsulte du 14 juillet 1865 (art. 1) leur eût attribué officiellement la qualité de Français.

Les Français originaires ou habitants d'un pays étranger ou d'une colonie sont dispensés de la caution : ils n'ont pas, en effet, perdu leur nationalité (1).

Le cessionnaire français de la créance d'un étranger n'est pas tenu de donner cette garantie, à moins que la cession ne soit fictive. L'étranger qui, au contraire, est cessionnaire de la créance d'un Français, doit donner la caution. C'est une autre application du principe déjà formulé : on se placera toujours au moment du litige pour examiner si l'exception est ou non recevable : en outre, c'est la nationalité des personnes en cause dans l'instance qui doit être considérée et non pas celle du créancier originaire (2).

Dans tous ces cas, il ne doit donc pas y avoir lieu à caution, car il s'agit de Français ou d'individus qui leur sont assimilés.

8. La caution est due par l'étranger demandeur qui est la vraie partie dans le débat ; mais comment prouver la nationalité étrangère de ce plaideur ?

Il a été admis par la jurisprudence que l'adage :

1. Cour de Bruxelles, 31 octobre 1821.
2. Dalloz, *Répertoire* au mot *excetion*, n° 37 ; Vincent, n° 21.

Onus probandi pertinet ad actorem, devait être appliqué. Ce sera donc le défendeur au principal qui prouvera que son adversaire doit fournir la caution, à la condition que celui-ci dénie son extranéité. Cette solution parait rationnelle : il n'y avait, en effet, aucune raison de soustraire le Français devenu demandeur reconventionnel à l'obligation imposée par la loi de justifier sa prétention : l'étranger est défendeur sur l'exception s'il est demandeur au principal ; l'obliger à prouver qu'il ne doit pas donner caution est impossible, car ce serait favoriser l'emploi de moyens dilatoires : dès qu'une action aurait été intentée à un particulier, celui-ci l'aurait entravée en soulevant l'extranéité du demandeur. Il est donc juste (1) que le défendeur au principal soit tenu de prouver la nationalité étrangère de son adversaire, puisqu'il devient demandeur.

Il a aussi été jugé que le demandeur est tenu de fournir la caution, bien que le défendeur refuse de reconnaître sa qualité d'étranger et annonce même vouloir la contester (2) : dans l'espèce, la demanderesse s'était présentée comme étrangère ; elle avait même signifié plusieurs actes qui établissaient sa naturalisation ; dès lors, elle ne pouvait se plaindre

1. Tribunal de Paix de Paris, 3 août 1882. *La Loi* du 10 septembre 1882.

2. Bourges, 20 juillet 1837, Sirey, 1843, II, 562.

qu'on la traitât en étrangère, puisqu'elle avait revendiqué cette qualité.

9. B. Il ne suffit cependant pas d'être étranger pour être tenu de fournir une caution : il faut encore être demandeur principal ou intervenant. Le défendeur n'est pas obligé de donner caution, parce qu'il n'est pas maître de se défendre, et que la défense est de droit naturel.

Tout demandeur étranger est astreint à cette garantie pour les raisons qui ont déjà été indiquées (art. 166, C. proc. civile). Ce principe doit néanmoins être interprété restrictivement, car il consacre une exception ; donc, pour déterminer si l'étranger est demandeur ou défendeur, il ne faut pas s'en rapporter à « l'écorce du mot » (1), pour employer l'expression de M. Boncenne ; il faut, au contraire, considérer le fond même de la situation des parties.

Mais le demandeur principal n'est pas seul tenu à la caution ; s'il est intervenant, il devra être soumis à la même garantie. Par demandeur principal, on entend celui qui intente l'action, et on comprend qu'il soit pris contre lui des précautions. Le demandeur intervenant n'est tenu de donner la caution que si son intervention est active et volontaire ; mais si celle-ci est forcée et passive, il n'en est plus de même : dans le premier cas, en effet, cette in-

1. *Tr. procédure*, tome III, p. 177.

tervention constitue une véritable demande : aussi est-il juste que l'étranger soit soumis à toutes les obligations imposées à un demandeur ordinaire.

10. Le défendeur étranger est-il tenu de fournir une caution ? Cette question s'était posée dans l'ancien droit, mais aujourd'hui des textes formels donnent à cette controverse seulement un intérêt rétrospectif.

La défense est un droit naturel : on est maître de demander, on est obligé de se défendre : *actor voluntarie agit : reus autem ex necessitate se defendit.* Ce principe, qui avait été appliqué par l'ancien droit français n'a pas perdu aujourd'hui son application. Il aurait été injuste de contraindre un étranger attaqué à fournir une caution.

D'ailleurs deux textes sont formels à cet égard : l'article 16 du Code civil dit expressément que la caution sera due par « l'étranger qui sera demandeur » ; ces termes excluent celui qui est défendeur. L'article 166 du Code de procédure civile pose le même principe : « tous étrangers, demandeurs prinprincipaux ou intervenants, seront tenus... » ; ces mots font disparaître toute controverse. Il est donc impossible devant ces deux textes d'admettre que le défendeur étranger soit astreint à fournir la caution.

Le but même de cette exception en dispense le défendeur : la caution a été instituée pour paralyser dans une certaine mesure les actions mal fondées des étrangers : elle n'a jamais été créée pour les empêcher de répondre à une demande à eux adressée : les étrangers doivent pouvoir se défendre devant nos tribunaux sans être obligés de donner des garanties à ceux qui les y amènent.

11. Il est généralement admis que le demandeur reconventionnel n'est pas tenu de donner caution : la demande reconventionnelle n'est, en effet, regardée que comme un moyen de défense, aussi convient-il d'assimiler le plaideur qui en use à un défendeur et non à un demandeur véritable (1).

Il importe peu que l'étranger ait conclu à des dommages et intérêts reconventionnels ou à des réserves aux mêmes fins : ces conclusions, en effet, ne sont qu'accessoires et « sont opposées en défense à titre de reconvention », aussi elles ne pourraient motiver contre lui l'obligation à la caution *judicatum solvi* (2).

12. Une controverse a divisé la doctrine : un étranger réclame la nullité ou la mainlevée d'une saisie arrêt par voie d'action ou d'opposition, est-il demandeur ou défendeur ?

D'après une première opinion (3), il faut distinguer : si la saisie-arrêt a été pratiquée en vertu d'un

1. Aubry et Rau, VIII, p. 127.
2. Paris, 20 avril 1877 ; *J. dr. int. pr.*, 1878, p. 159.
3. Dalloz, *Rep.* au mot *exception*, n° 4.

titre sous signature privée ou d'une ordonnance, elle n'a aucun caractère d'authenticité quant au fond : le saisi peut toujours constater sa valeur, et dès lors il est défendeur au fond. Si la saisie-arrêt, au contraire, a lieu en vertu d'un titre exécutoire, comme un jugement, il n'en sera plus de même : elle est authentiquement prouvée, aussi le saisi est bien demandeur au fond, et il est tenu de fournir la caution.

Cette doctrine est généralement repoussée (1) : d'abord elle est en contradiction avec l'article 567 du Code de procédure civile qui dit : « la demande en validité et la demande en mainlevée formée par la partie saisie seront portées devant le tribunal du domicile de la partie saisie ». Cet article est une autre application du principe : *actor sequitur forum rei* : il considère donc le saisi comme défendeur dans tous les cas, et il ne distingue pas entre les diverses causes de la saisie. En outre il serait impossible d'admettre qu'un étranger, plaidant la nullité d'une saisie-arrêt, fût obligé, avant faire droit, de donner une caution : il convient de le laisser se défendre, car au fond il use d'un véritable droit de défense.

La jurisprudence a d'ailleurs adopté cette seconde doctrine (2).

1. Aubry et Rau, tome VIII, p. 128, note 5.

2. Nancy, 9 mars 1872 (Sirey, 1872, II, 20) ; Seine, 22 janvier 1876 (*J. dr. int. privé*, 1877, p. 142) ; Bordeaux, 3 mars 1880 (Sirey, 1881, II, p. 8).

Il faudra appliquer la même théorie pour toutes les autres saisies. Il a été jugé (1) pour la saisie-gagerie que l'étranger demandant la nullité d'une saisie pratiquée contre un tiers sur des objets mobiliers garnissant une maison, dont il est locataire par bail ayant date certaine, agit, non comme demandeur, mais comme défendeur, pour l'application de l'article 16 du Code civil : l'étranger, en effet, en s'opposant à la saisie de ces meubles, agit *ex necessitate* contre une attaque qui l'oblige à citer en justice : il ne doit donc pas la caution, qui est requise seulement de l'étranger qui volontairement intente un procès « aux conséquences duquel il serait trop facile d'échapper ». Il en est de même de l'étranger qui fait appel d'une ordonnance de référé ayant ordonné son expulsion comme locataire et la vente de ses meubles saisis gagés (2) : « l'appelant, en effet, défendeur dans l'instance première, demeure toujours défendeur au procès ».

Le même principe sera applicable à la saisie foraine (3) et à la saisie conservatoire (4).

On appliquera la même doctrine à la saisie mobilière, mais une distinction est ici nécessaire : l'étranger sera défendeur s'il poursuit la nullité ou la main-

1. Nancy, 9 mars 1872, Sirey, 1872, II, 20.
2. Paris, 20 avril 1877, *J. dr. int. privé*, 1878, p. 159.
3. Seine, 30 octobre 1863, *Gaz. Trib.*, 2 nov. 1863.
4. Seine, 20 août 1836, *Le Droit*, 6 sept. 1836.

levée d'une telle saisie, alors que les meubles dont il s'agit sont saisis sur lui-même ; il sera évidemment regardé comme demandeur, s'il intervient dans l'instance pour revendiquer des meubles saisis sur une tierce personne, et dans ce cas la caution pourra être réclamée : cette revendication, en effet, ne peut pas, être considérée comme un acte de défense légitime de la part l'étranger ; elle constitue une attaque distincte, un acte d'hostilité contre le saisissant, qui prétend s'emparer des meubles qui appartiennent au débiteur ; il serait illogique dans ce cas de dispenser un étranger, qui en réalité intervient comme demandeur dans une instance déjà engagée, de la caution *judicatum solvi* (1).

En un mot il faudra, dans toutes les saisies, considérer l'étranger qui poursuit leur nullité ou leur mainlevée comme un défendeur, et le dispenser de la caution : il use, en effet, d'un véritable droit de défense, et il serait hors nature de le restreindre. Dans une saisie mobilière, il faudra cependant regarder l'étranger comme demandeur, s'il intervient pour revendiquer des meubles saisis sur un tiers, car en réalité il attaque le saisissant.

13. Une seule hypothèse a été étudiée jusqu'à présent : un étranger est exécuté par un Français ; il est nécessaire d'en concevoir une seconde : un étranger exécute un Français.

1. *Sic :* Nancy, 22 juin 1889 (Sirey, 1889, II, 222). *Contrà :* Nancy, 9 mars 1872 (Sirey, 1872, II, 20).

Une distinction doit être faite.

L'étranger peut agir en vertu d'un titre exécutoire qui n'est pas contesté : il ne sera pas soumis, d'après la majorité des auteurs, à la formalité de la caution, car la saisie qu'il opérera dans ces conditions sera un moyen d'exécution (1).

Celui qui produira à un ordre, en qualité de créancier hypothécaire, ne sera pas tenu de fournir une caution pour cette raison. L'étranger qui poursuivra une expropriation forcée sera dispensé de cette garantie : c'est le souverain du territoire qui ordonne à ses officiers de prêter leur ministère pour l'exécution du titre ; d'ailleurs le débiteur français sera suffisamment garanti par le montant même de sa dette (2).

Le Français pourra cependant se défendre ; il pourra contester le titre, sur lequel s'appuie l'étranger pour le poursuivre. L'étranger sera-t-il regardé comme demandeur ou défendeur ?

Si l'on appliquait la théorie déjà développée (3), il faudrait considérer comme demandeur cet étranger : s'il saisit en vertu d'un titre exécutoire, il y a un ordre du souverain, aussi il n'est pas besoin de caution ; si au contraire, il n'a pas de titre exécutoire, il doit agir en vertu d'une convention entre parties,

1. Aubry et Rau, tome VIII, p. 130.
2. Bordeaux, 3 février 1835.
3. Paragraphe 12 de ce chapitre.

et le Français qui s'y oppose, en attaquant la validité de l'acte qui donne lieu à l'exécution, est véritablement défendeur, aussi convient-il d'astreindre à la caution l'étranger.

D'après une autre doctrine, les mêmes raisons qui dispensent l'étranger de la caution lorsqu'il attaque une saisie sur lui pratiquée, exigent qu'il y soit soumis lorsque c'est lui, au contraire, qui emploie la voie de la saisie (1).

En résumé l'étranger ne devra être dispensé de fournir la caution que dans le cas où il agira en vertu d'un titre exécutoire, car pour employer l'expression de Lefebvre de Laplanche, « le saisissant a formé sa demande par la saisie ». Dans les autres cas, il sera demandeur et devra fournir une caution, mais pas avant la saisie (2).

14. S'il y a dans l'instance des codemandeurs français, l'étranger pourra-t-il s'en prévaloir pour refuser la caution ? Cette question doit, en principe recevoir une solution négative : en effet, les articles 16 et 166 sont des dispositions générales, qui n'établissent aucune exception ; en outre, c'est l'intention du législateur (3) ; enfin, cet étranger ne peut pas se prévaloir « de l'intérêt qu'auraient les codemandeurs

1. Jacotton, *Revue de législation*, tome 43, p. 195.
2. Clunet, *J. de dr. int. privé : De la saisie-arrêt*, 1882, p. 50.
3. Bruxelles, 15 mai 1841 ; *Pasicrisie*, 1842, II, 76.

à ce qu'il fût maintenu en cause, pour ne pas être obligés de le citer en intervention » (1).

Cependant l'action pourra revêtir un caractère d'indivisibilité tel que l'étranger, se trouvant renvoyé hors du débat, faute par lui de donner une caution, le ou les demandeurs sont contraints de le citer en intervention forcée; dans ce cas la caution ne serait pas due (2).

On sait que, dans des conditions similaires, s'il y a pluralité de défendeurs, dont les uns sont Français et les autres étrangers, un étranger demandeur peut être tenu à la caution : mais cette garantie ne concernera que les défendeurs français ; en ce qui concerne les défendeurs étrangers, ils ne peuvent pas être protégés, car ils doivent se présenter en justice avec les mêmes droits que les demandeurs étrangers (3).

15. Un étranger est défendeur dans une instance contre un demandeur français ; il soulève une exception pour repousser cette attaque, sera-t-il considéré comme le demandeur ? Sera-t-il astreint à la caution *judicatum solvi* ?

Sans aucun doute il est demandeur à l'exception ; mais il est défendeur au principal, et le moyen qu'il soulève est de défense ; peu importera d'ailleurs

1. Gand, 12 juin 1879 ; *J. de dr. int. privé*, 1881, p. 69 ; voir la note de M. Louis Renault.

2. Gand, 10 août 1859 ; *Belg. jud.*, 1857, p. 1253.

3. Paris, 24 déc. 1879 ; *J. dr. int. privé*, 1882, p. 192.

qu'il oppose cette exception en première instance ou en appel. Cette interprétation est d'ailleurs logique, car la loi française n'a pas parlé de ce cas; exiger une caution de cet étranger, ce serait porter atteinte au droit de la défense : enfin, ce serait interdire à tous les défendeurs français, qui n'ont pas les moyens de donner une caution, « l'usage des différents moyens péremptoires et dilatoires que la loi met à leur disposition ». La Cour de Nancy a adopté cette doctrine dans ce cas: un étranger est attaqué par un Français et il soulève pour se défendre un incident de communication de pièces (1).

16. Il ne faudra pas regarder comme demandeur l'étranger qui, primitivement défendeur, assignerait un tiers français en garantie; il est bien demandeur à l'égard de celui-ci, mais cette action qu'il intente n'est qu'un moyen de défense (2), il a été cependant jugé que l'étranger demandant une mainlevée d'opposition formée sur lui, et appelant éventuellement en garantie des français est soumis à la caution vis-à-vis d'eux (3).

La solution de cette question devra, à notre avis, dépendre des circonstances de fait : il conviendra toujours de rechercher, si cet étranger est demandeur ou défendeur, ce qui dépendra souvent des espèces.

1. Nancy. 18 août 1875 ; *J. de dr. int. privé*, 1876, p. 454.
2. Weiss, *op. cit.*, p. 762.
3. Seine, 29 décembre 1882 ; *Le Droit*, 6 février 1883.

17. Au contraire l'étranger contestant un règlement provisoire de contribution, est tenu, si l'un des créanciers le requiert, de fournir la caution ; le procès-verbal, en effet, est au pouvoir absolu du juge-commissaire qui peut colloquer tels créanciers qu'il veut ; sans doute il est attaquable et susceptible de réformation, mais celui qui le conteste devient alors demandeur principal dans l'instance engagée, aussi convient-il de l'assimiler à tout demandeur, c'est-à-dire de l'astreindre, s'il y a lieu, à fournir une caution (1).

18. L'étranger admis au bénéfice de l'assistance judiciaire, sera-t-il dispensé de fournir la caution ?

L'assistance judiciaire est accordée à tous les plaideurs qui sont présumés dans un état d'indigence ; elle dispense à titre provisoire l'assisté du paiement des émoluments, des honoraires et des droits perçus par le Trésor, mais elle ne modifie pas les obligations de la partie assistée.

On ne saurait soutenir que l'exempter de la caution ce serait, par un moyen indirect, priver l'assisté de cette faveur de la loi ; en outre, dit-on, en ne peut le contraindre à donner une caution, puisqu'il est dans un état d'indigence. Cette doctrine ne saurait prévaloir, car si la loi du 22 janvier 1851 sur

1. Fuzier-Herman, *Répertoire*, n° 67 ; Paris, 22 juillet 1840 ; *J. du Palais*, 1840, II, 138.

l'assistance judiciaire est en faveur des indigents, son but est de faire valoir leurs droits; elle ne dispose pas des droits et obligations des parties, qui sont dans l'instance et qui ne jouissent d'aucune faveur; la loi de 1851 n'a pas restreint les droits des régnicoles qui ont à plaider contre des étrangers assistés, et l'exception prévue par l'art. 166 du Code de procédure est l'un de ces droits (1).

19. L'étranger demandeur en contrefaçon doit-il fournir la caution? L'article 44 de la loi du 5 juillet 1844 exige que le breveté de nationalité étrangère dépose un cautionnement fixé par le président du tribunal civil, s'il veut obtenir de lui une ordonnance autorisant à pratiquer une saisie ou une description d'objets incriminés. Ce cautionnement se confond-il avec la caution *judicatum solvi*? Il y a controverse.

Un premier système soutient la confusion. Il s'appuie sur le rapport de la loi de 1844, fait par le marquis de Barthélemy à la Chambre des pairs : il résulte de ce texte que le cautionnement exigé, par l'article 47, du breveté étranger est la caution *judicatum solvi* elle-même ; ce cautionnement était alors nécessaire parce qu'en matière commerciale la caution du jugé n'existait pas.

D'après un second système, la caution *judicatum*

1. Aubry et Rau, tome VIII, p. 128; Soissons, 28 août 1861; Sirey, 1861, II, 633; Seine, 29 décembre 1868. Sirey, 1869, II, 123; Boulogne, 26 décembre 1884, *Droit* du 30 mars 1885.

solvi doit être fournie malgré le cautionnement : en effet, ce cautionnement est une simple mesure de constatation et non un acte de poursuite ; il doit garantir seulement le préjudice immédiat causé, et le président n'a pas les éléments pour apprécier les frais et les dommages-intérêts auxquels pourra s'élever le procès. Cette doctrine doit être adoptée : elle est consacrée par la jurisprudence (1) et par les auteurs (2).

1. Seine. 21 déc. 1887 ; *Pandectes fr. pér.*, 1888, II. 148.

2. Rivière, *Pandectes françaises*, nouveau répertoire au mot *propriété littéraire*, n°s 5363-5635 ; Pouillet, n. 939 ; Allart, III, n. 518.

CHAPITRE V

MATIÈRES

1. Tous les étrangers ne sont pas soumis à la caution *judicatum solvi* ; mais ne convient-il pas de tenir compte de la matière même du litige ? Un étranger sera demandeur, mais il peut ester en justice devant de nombreux tribunaux; sa demande elle-même pourra être civile, criminelle ou commerciale. Faudra-t-il établir des distinctions fondées sur la matière du procès ?

Avant la loi du 5 mars 1895, l'étranger était astreint à la caution en toutes matières, sauf celle de commerce ; depuis cette nouvelle disposition législative, il est soumis à cette obligation « en toutes matières », même en matière commerciale. La loi est donc formelle à cet égard, et elle supprime les anciennes controverses sur ce qui constitue les matières commerciales.

Il y a eu cependant, et il y a encore, des discussions à ce sujet; l'étude de la caution *judicatum solvi* dans les différents litiges s'impose pour trouver des solutions rationnelles aux questions qui pourraient se poser.

2. En matière civile, il n'y a aucun doute : la caution sera toujours exigible. Les art. 16 du C. civil, 166 et 167 du C. de procédure civile sont formels. Aucune discussion n'a jamais d'ailleurs été soulevée.

3. Il était admis dans l'ancien droit qu'en matière commerciale, il ne pouvait être réclamé de caution. On soutenait que le commerce supprimait, pour ainsi dire, les frontières des pays ; en outre il importait de supprimer toutes les entraves qui auraient pu restreindre les relations entre les peuples : il fallait développer le commerce français en facilitant les rapports entre les négociants nationaux et étrangers. Si l'on a pour but l'activité du mouvement commercial, il faut que les litiges soient résolus avec célérité, ce qui réduira les craintes des transactions ; il faut que les frais de procédure soient peu élevés. Le crédit d'un commerçant, ajoutait-on, fournit une caution suffisante, et on doit lui attribuer une valeur au moins égale à celle des biens que l'étranger pourrait posséder en France. D'ailleurs rejeter l'exception de la caution en matière commerciale, c'est supprimer souvent un moyen dilatoire, dont un débiteur malhonnête peut se servir ; il est donc moral d'accélérer la solution des litiges commerciaux en simplifiant la procédure. Enfin les frais sont toujours minimes en matière commerciale,

ce qui fait courir au plaideur français un faible risque.

Ce principe était appliqué par l'ancienne jurisprudence des Parlements : « pour fait de commerce et de banque », il n'y avait pas de caution (1). Le Code civil adopta la même doctrine, et son article 16 supprimait cette garantie en matière commerciale : l'article 423 du Code de procédure civile stipulait que « les étrangers demandeurs ne peuvent être obligés, en matière de commerce, à fournir une caution » ; cette dispense s'étendait même au cas où la demande était portée devant un tribunal civil ; c'était le litige commercial lui-même qui jouissait de ce régime de faveur. On ne pouvait exiger la caution de l'étranger demandeur en matière commerciale pour les frais de l'incident qui, à cause de l'incompétence du tribunal de commerce pour y statuer, était renvoyé devant le tribunal civil (2). L'application de ces principes soulevait dans la pratique des controverses, et il est inutile de les discuter, puisque aujourd'hui elles n'auraient plus qu'un intérêt historique.

La loi du 5 mars 1895 a supprimé dans l'article 16 les mots « autres que celles de commerce », et elle a abrogé l'article 423 du Code de procédure civile.

1. Provence, 1er juin et 22 octobre 1617 ; Paris, 12 août 1758 ; Bordeaux, 1er mars 1777.

2. Merlin, *Questions de droit* au mot *Caution*, p. 226.

Ces mesures rigoureuses ont été votées pour imiter les dispositions des législations étrangères : « Un « armateur du Tréport s'est vu obligé de fournir « une caution de 25.000 francs pour actionner en « Angleterre les armateurs d'un navire anglais qui, « par suite d'un abordage, avait coulé une barque à « lui appartenant. Evidemment, c'est jouer un rôle « de dupes que procurer à des étrangers des avan- « tages qui nous sont refusés, quand nous plaidons « chez eux et contre eux » (1). L'opinion publique s'est émue de ces lois : sur cinquante Chambres de commerce consultées, deux ne répondirent pas, une seule (Boulogne-sur-Mer) critiqua cette mesure, et quarante-sept se déclarèrent favorables à l'extension de la caution en matières commerciales (2). Mais, M. Chovet, l'honorable rapporteur au Sénat de cette loi, dans son zèle pour défendre le projet, a exagéré : il a soutenu qu'en 1804 les relations commerciales étant peu développées, la caution n'était pas nécessaire, tandis qu'aujourd'hui ces relations deviennent de plus en plus fréquentes, grâce aux chemins de fer et aux téléphones, ce qui rend cette caution indispensable : il n'y a aucun rapport, à notre avis, entre le développement des relations

1. Séance du Sénat du 28 janvier 1895, *Journal officiel* du 1er mars 1895.

2. La caution *judicatum solvi*, par M. Surville. *Rev. pol. et parl.*, 1895, tome V.

commerciales et la nécessité d'étendre la caution ; au contraire, il serait, semble-t-il, permis d'affirmer que ce développement de l'activité commerciale, aurait plutôt dû contribuer à supprimer la caution *judicatum solvi*.

Des difficultés ont été soulevées dans la pratique : un Français était défendeur devant un tribunal de commerce ; il gagne son procès avant la promulgation de la loi de 1895 : si le demandeur interjette appel, est-il tenu de fournir une caution ?

La question est de savoir à quel moment les lois de procédure deviennent obligatoires : la doctrine et la jurisprudence (1) s'accordent pour leur donner ce caractère dès leur promulgation ; les parties ne peuvent pas dire qu'elles ont un droit acquis à l'application de la loi ancienne ; elles peuvent seulement demander que les actes faits valablement en vertu de l'ancienne loi soient maintenus. Ces principes sont appliqués : la disposition de 1895 sera en vigueur, quoique le litige soit pendant, mais la caution ne pourra porter que sur les frais postérieurs à la promulgation de ce texte. La jurisprudence récente de la Cour de Paris est constante en ce sens (2).

Dans une espèce récente, un Français défendeur a réclamé en Algérie, d'un demandeur espagnol, la

1. Baudry-Lacantinerie, *Traité de droit civil ; Des personnes*, tome I. n° 175.

2. Trib. Commerce de la Seine, 1er juin 1895, Sirey, 1895, II, p. 284 ; Paris, 11 juin 1896, Dalloz, 1897, II, 8.

caution *judicatum solvi*. On sait que dans ce pays, les étrangers demandeurs sont dispensés de cette obligation, s'ils y ont un établissement ou leur résidence habituelle (1); il n'en était pas ainsi dans ce procès. La question à juger était donc la suivante : la loi du 5 mars 1895 soumettant les étrangers à la caution *judicatum solvi* en matière commerciale, s'applique-t-elle à ceux d'entre eux qui s'en trouvent dispensés en vertu de conventions internationales non rapportées, telles que le traité franco-espagnol du 7 janvier 1862 et la convention consulaire franco-espagnole du 18 mars 1862 ? L'affirmative doit être adoptée : ces deux conventions dispensent de la caution les demandeurs espagnols ; la clause de faveur insérée doit évidemment s'étendre aux litiges commerciaux (2) et n'être pas restreinte aux instances civiles ou criminelles.

La loi de 1895 a soulevé une autre question qui a été vivement controversée. Un étranger qui introduit une demande en déclaration de faillite est-il astreint à la caution ?

Un jugement du Tribunal de commerce de la Seine (3) a résolu négativement la question : en effet, cette instance ne tend pas à mettre le deman-

1. Voir chap. III, § 2

2. Alger, 1er avril 1897, Dalloz, 1898, II, 94 ; Tribunal de commerce de la Seine, 5 novembre 1896, *J. de dr. int. privé*, 1897, p. 120

3. 6 décembre 1895, *J. dr. int. privé*, 1896, p. 139.

deur en possession d'un droit de créance, ni à le mettre en possession des moyens de nature à lui assurer la possession de ce droit ou le recouvrement de cette créance; cette instance a, au contraire, pour objet de consacrer une situation de fait, la cessation des paiements, au cas où il serait prouvé que le défendeur est commerçant et de placer celui-ci ainsi que ses créanciers sous la sauvegarde de la loi. Le jugement ajoute que ce serait aller à l'encontre du vœu de la loi, qui édicte que la caution doit être demandée avant toute exception ou défense, que de reconnaître au défendeur le droit de la requérir, alors que le tribunal n'est pas saisi du litige ayant existé entre les parties, mais qu'il n'a qu'à se prononcer sur l'état de cessation de paiements du débiteur et d'ordonner les mesures prévues par l'art. 437 du Code de commerce. La preuve en est, si l'on en croit cette opinion, que la déclaration de faillite d'un commerçant, dont la déconfiture est notoire et publique, peut-être prononcée d'office par le tribunal, sans même qu'aucune demande à cet égard ait été formulée, sans qu'aucune requête ait été déposée, en l'absence même du débiteur, car c'est une mesure d'ordre public, que les tribunaux, de leur propre initiative, ont le droit et le devoir de prendre.

Cette thèse, à notre avis, est contraire à l'esprit même de la loi du 5 mars 1895 : l'article 16 du Code civil, en effet, stipule que la caution peut-être réclamée « en toutes matières » à l'étranger demandeur ou intervenant. Il n'est pas douteux que la demande en déclaration de faillite soit une demande ; la loi et la jurisprudence l'ont toujours regardée comme telle ; d'ailleurs, les termes de l'article 16 sont trop généraux pour qu'il soit permis d'admettre une exception. Les mêmes raisons de protection exigent que la caution puisse être réclamée : la demande de l'étranger peut être téméraire ; elle nuira alors au crédit du commerçant français. La solution adoptée par le tribunal de commerce de la Seine doit être rejetée.

4. Il ne saurait être contesté que la caution peut être requise dans un référé (1), mais en est-il de même en matière répressive ?

D'après une première doctrine, la caution ne pourrait pas être exigée devant un tribunal de répression : en effet, l'étranger doit avoir à sa disposition les mêmes droits, que le national pour obtenir la répression des infractions qui l'atteignent ; les art. 63 et 182 du Code d'instruction criminelle sont généraux et « ils confèrent aux étrangers comme aux Fran« çais eux-mêmes le droit de se constituer parties « civiles à raison des faits délictueux qui leur sont « préjudiciables sans qu'ils soient tenus de satis-

1. Weiss, *op. cit.*, 764 ; Sirey, 30 avril 1863, *Gaz. des Tribunaux*, 1er mai 1863.

« faire aux conditions déterminées par la loi pour « les matières civiles proprement dites » (1).

M. Chauveau (2) distingue selon qu'il s'agit du criminel ou du correctionnel ; dans le premier cas, l'étranger dépose sa plainte, et seul, le ministère public (sauf pour les délits de presse) peut mettre en mouvement l'action publique ; si la partie lésée intervient dans l'instance, ce sera donc dans un intérêt purement pécuniaire, et elle devra fournir la caution. Devant les tribunaux correctionnels, au contraire, si le ministère public ne veut pas poursuivre, ou bien si cet étranger veut citer directement, aucune caution ne peut plus être requise, car, en dehors de l'intérêt pécuniaire, il y a une nécessité de réprimer l'infraction commise.

Une troisième doctrine (3) enseigne que la caution peut être exigée devant tous les tribunaux répressifs, soit que l'étranger cite directement le Français, soit qu'il se porte partie civile dans l'action publique. La jurisprudence de l'ancien droit était conforme à cette opinion. Aujourd'hui l'art 16 n'établit aucune distinction entre les matières civiles et correctionnelles, et le commentateur ne peut pas

1. Dijon, 13 juillet 1881, Sirey. 1884, II, 3.

2. Chauveau sur Carré, tome II, question 705.

3. Cass. 3 février 1814 ; Aix, 4 juin 1877, *J. de dr. int. privé*, 1878, 599 ; Weiss, *op. cit.*, p. 764 ; Aubry et Rau, *op. cit* , VIII, p. 128, note 10 ; Paris, 18 mars 1890, *J. dr. int. privé*, 1890, p. 472.

distinguer puisque le législateur a généralisé. La qualité de demandeur suffit, d'ailleurs, pour être tenu de la caution, et, dans notre espèce, l'étranger joue bien ce rôle ; il n'y a pas lieu de distinguer le demandeur en matière correctionnelle, car il peut être condamné à des dommages-intérêts, s'il intente une action téméraire, et on sait que la caution a pour objet de couvrir leur paiement. Dans tous les cas, le même motif réclame une garantie : le national a besoin d'être protégé contre les actions vexatoires de l'étranger. Cette doctrine a été adoptée par la jurisprudence (1).

5. La caution est-elle due aussi devant les tribunaux administratifs ?

Les termes généraux de l'article 16 du Code civil suffiraient pour répondre affirmativement à cette question ; mais, indépendamment de ce texte, l'article 1er du décret du 7 février 1809 exige expressément la caution : « Les jugements rendus au profit « des étrangers qui auraient obtenu des adjudica- « tions dans des matières pour lesquelles il y a, « d'après notre décret du 22 juillet 1806, recours à « notre Conseil d'État, ne pourront être exécutés « pendant le délai accordé pour ce recours, qu'au- « tant que l'étranger aura préalablement fourni en « France une caution bonne et solvable. »

Cette opinion est d'ailleurs logique, car les déci-

1. *Contrà* : Paris, 22 décembre 1813.

sions de la juridiction administrative constituent de véritables jugements ; elle a été adoptée même avant 1870 pour les avis du Conseil d'État, car si ceux-ci ne constituaient pas de véritables jugements, ils étaient « assimilés à des espèces de jugements » (1).

6. La caution *judicatum solvi* est-elle due devant les tribunaux de paix ?

Les termes de l'article 16 sont généraux, aussi, ne peut-il être question d'admettre une exception que n'a pas prévue la loi. On a cependant objecté que l'art. 166 du Code de procédure civile faisait partie du livre II, qui régit les tribunaux d'arrondissement, alors que le livre I est consacré aux justices de paix ; mais, indépendamment de la généralité des termes de l'article 16, on sait que les principes de procédure posés pour les tribunaux civils sont applicables à tous les tribunaux d'exception, lorsque la loi n'a pas édicté de dispositions spéciales qui y dérogent.

1. Serrigny, *Procédure et compétence administratives*, I, n° 272 ; Despagnet, *op cit.*, p. 295 ; Avis du Conseil d'Etat, 23 janvier 1820

CHAPITRE VI

LA PROCÉDURE

1. L'exception de la caution *judicatum solvi* (1) constitue un incident de procédure, et il est nécessaire de connaître les principes auxquels il est soumis. Une idée doit dominer toute la matière : cette exception n'est pas d'ordre public.

Cette règle a été contestée, et il importe de bien la poser, car les conséquences qui en résulteront seront nombreuses : que cette exception, en effet, soit d'ordre public, elle pourra être soulevée en tout état de cause et d'office : qu'elle soit d'ordre privé, il n'en sera plus de même.

Il n'est pas douteux que cette exception n'est pas d'ordre public. Le texte même de l'article 16 le dit : la caution devra être fournie « si le défendeur le requiert », y est-il stipulé ; il en résulte que cette caution n'est réclamée que dans l'intérêt privé du défendeur, et que celui-ci, explicitement ou im-

1. Voir le *Traité de procédure* de M. Garsonnet ; cet ouvrage est le plus complet sur la question.

plicitement, peut toujours renoncer à l'exercice de son droit.

Cette exception n'étant pas d'ordre public, elle ne pourra pas être soulevée d'office soit par le tribunal, soit par le ministère public ; la loi établit nettement ce caractère, et la jurisprudence (1) a consacré ce principe, qui, dans la pratique, est fertile en conséquences.

2. Une célèbre controverse s'est élevée sur la question de savoir à quel moment l'exception de la caution *judicatum solvi* pouvait être soulevée. Il est hors de doute que cet incident ne peut être provoqué que *in limine litis* ; il est aussi admis (2) que l'exception n'a plus aucune raison d'être si le défendeur a déjà excipé la péremption d'instance. Mais quel est le rang de cette exception ?

La discussion a son origine dans les articles 166 et 169 du Code de procédure civile : le premier de ces textes dit que la caution doit être réclamée avant toute exception, aussi jouit-elle d'un rang primordial ; mais l'article 169 du même Code stipule que le renvoi pour incompétence doit être demandé avant toutes autres exceptions. Il y a entre ces deux dispositions législatives une opposition, et il convient de rechercher un criterium lorsque, à côté d'autres

1. Seine, 2 juin 1886 ; *Gazette du Palais*, 1886, 2e semestre, p. 26.

2. Cass., 19 décembre 1865, *Gaz. des Trib.*, 21 décembre 1865.

exceptions, l'exception de la caution *judicatum solvi* sera soulevée. Quatre systèmes ont été proposés.

D'après un premier auteur (1), devant ce conflit des textes et devant l'ordre différent de ces exceptions, il faut admettre que les exceptions de la caution *judicatum solvi* et d'incompétence ne se couvrent pas l'une par l'autre : la conséquence est que ces exceptions peuvent indifféremment être soulevées l'une avant l'autre ; néanmoins, la demande de la caution empêcherait d'opposer l'exception d'incompétence, si le défendeur avait fixé le montant de cette caution d'après les frais ou dommages et intérêts que sur le fond le procès pourrait entraîner, car la compétence du tribunal serait ainsi implicitement reconnue, et la nullité de l'exploit serait couverte. M. Rodière conclut en disant que « le mieux est de proposer ces exceptions simultanément dans le même acte ». Ce système repose sur une intention louable, puisqu'il recherche à concilier tous les auteurs, mais il a un inconvénient grave, c'est de ne pas résoudre en droit la question ; il donne un conseil, mais il n'établit pas une règle juridique ; il a enfin le tort d'être arbitraire, et de ne s'appuyer sur aucune disposition législative.

Un second système de conciliation (2) a été pro-

1. Rodière, *Procédure civile*, tome I, p. 337 et 338.

2. Carré et Chauveau, *Lois de la procédure*, tome II, question 704, p. 165, 166 et 167.

posé : les articles 166 et 169 placent sur la même ligne ces deux exceptions, aussi on ne peut logiquement admettre que la partie donnant la priorité à l'une de ces deux exceptions soit non recevable à opposer l'autre ; toutes les fois qu'il y a contrariété entre deux textes, on doit interpréter de manière que chacune de ces dispositions produise son effet d'après les vues du législateur. Cette doctrine, malgré l'autorité de ses défenseurs, doit-être rejetée, car elle ne repose sur aucun argument juridique.

D'après un troisième système (1), l'exception d'incompétence doit être soulevée la première, car il est essentiel de savoir d'abord si le tribunal est compétent ; en second lieu, l'exception de nullité doit être invoquée, car il est important de connaître si les juges ont été régulièrement saisis ; l'exception *judicatum solvi* ne viendrait alors qu'en troisième rang, car l'article 169 suit l'article 166 : donc il y déroge, et il n'y a plus à tenir compte de cet article 166. Un jugement (2) a adopté cette théorie en décidant que le défendeur qui soulève l'exception de la caution, alors surtout qu'il ne fait pas de réserves, est réputé par cela même accepter la compétence du Tribunal devant lequel il oppose son moyen.

1. Delvincourt, tome I, p. 298.

2. Seine, 22 décembre 1863, *Gaz. des Tribunaux*, 8 janvier 1864.

Ces arguments ont peu de valeur à côté de ceux invoqués par une quatrième doctrine (1). L'ordre même des articles du Code de procédure civile place l'exception *judicatum solvi* avant toutes les autres, et en particulier avant celle d'incompétence. Il serait contraire à toute justice, comme on l'a dit au Tribunat, qu'un étranger admis à plaider devant un tribunal fût obligé de fournir au milieu de l'instance une caution ; ce serait un véritable moyen dilatoire, et le législateur n'en a jamais favorisé l'usage. Il est en outre conforme au but même de la caution d'empêcher un défendeur de risquer les frais d'un incident sans qu'il soit garanti. Les travaux préparatoires d'ailleurs consacrent cette doctrine : le tribunat, dans le projet primitif, avait demandé de placer avant l'exception de la caution les exceptions d'incompétence et de nullité ; le Conseil d'Etat enleva à celles-ci la première place, et supprima les termes qui leur donnaient la priorité. Dans l'ancien droit enfin, depuis l'ordonnance de 1667, l'exception *judicatum solvi* devait être soulevée avant tout autre moyen de défense. Tous ces arguments doivent faire adopter ce système, qui a d'ailleurs été consacré par la jurisprudence (2).

1. Boucenne, tome III, p. 200 ; Boitard, t. II, p. 26 ; Weiss, *op. cit.*, p. 771.

2. Seine, 23 août 1881, *J. dr. int. pr.*, 1882, p. 616 ; Nancy, 8 février 1886, *J. dr. int. pr.*, 1889, p. 286.

On ne saurait soutenir que soulever l'exception de la caution, c'est accepter la compétence du tribunal, car cette exception ne touche pas aux droits des parties ; elle a seulement pour but de garantir le paiement des frais. Une autre objection doit aussi être écartée : on a dit qu'un tribunal incompétent sur le fond ne pouvait pas valablement statuer sur la légitimité de la caution : cette idée ne peut être admise, puisque le jugement sur l'exception de la caution laisse intacts les droits respectifs des parties.

D'après notre système, il faut décider que le défendeur, qui oppose une exception *judicatum solvi*, ne renonce pas par ce fait même à opposer toutes autres exceptions : en effet, nous disons que cette exception doit être soulevée la première, ce qui n'exclut pas d'autres incidents dans l'avenir.

L'exception *judicatum solvi* doit donc être soulevée *in limine litis*, et elle a la priorité sur toutes autres exceptions.

3. Néanmoins l'exception *judicatum solvi* peut être couverte par tout acte de procédure, qui implique la volonté nettement manifestée de suivre l'instance : il en sera ainsi si une exception de communication de pièces est soulevée sans réserves formelles (1) : mais il faut que cette exception ait été

1. Trib. Bruxelles, 25 février 1876 ; *Pasicrisie*, 1879, III, 145.

exprimée dans des conclusions : une simple sommation ne suffit pas, en effet, pour saisir le tribunal : il faut qu'il y ait eu des conclusions posées devant lui, aussi une sommation de communiquer les pièces ne fait pas obstacle à une exception *judicatum solvi* postérieure (1) : la question a été résolue dans le même sens au cas d'incompétence, conformément à l'art. 190 du Code de procédure civile (2).

Les conclusions n'ont pas besoin d'avoir été signifiées (3) d'après la dernière jurisprudence : il suffit qu'elles aient été posées, car admettre une autre solution aurait contribué à retarder la solution des instances, ce qui est contraire aux intentions du législateur.

L'exception de la caution est donc couverte par toute exception formulée dans des conclusions posées (4).

4. La caution peut-elle être requise sur une opposition à un jugement ?

Un jugement par défaut est obtenu par un national contre un étranger, celui-ci sera-t-il astreint à fournir une caution, s'il fait opposition ? La solution négative de cette question ne saurait être dou-

1. Trib. Bruxelles, 25 février 1876; *Pasicrisie*, 1876, III, 145.

2. Seine, 7 novembre 1885, *J. dr. int. privé*, 1886, p. 439

3. Paris, 20 février 1850 ; Dalloz. 1860, V, 132.

4. Seine, 2 juin 1886, *Gazette du Palais*, tome X, p. 26 ; *Contrà* : Poitiers, 23 janvier 1855, Dalloz, 1856, II, 46.

tense : cette demande afin d'opposition est un moyen de défense ; elle ne peut, dans tous les cas, être assimilée à une demande principale ou d'intervention (1).

Le cas inverse peut se présenter : un étranger, pour employer le langage procédurier, surprendra au tribunal un jugement par défaut contre un Français : ce dernier fera opposition ; pourra-t-il alors exiger la caution ? Il faut l'admettre sans hésitation : le national, en effet, ne fait que se défendre ; il n'a peut-être pas pu répondre à la demande de son adversaire : dans tous les cas, il est incontestable que si, en apparence, l'étranger est défendeur, il a été demandeur dans l'instance primitive, et comme en réalité il n'y a qu'un seul procès avec deux phases, il convient de se placer à l'origine du litige : il est impossible de soutenir que l'étranger est fondé dans sa demande, puisqu'il a obtenu un jugement par défaut. car dans la pratique, cette décision est souvent surprise au tribunal.

Si un jugement étranger attaque un jugement par la voie de la tierce opposition, il devra la caution : il est, en effet, demandeur, et comme la loi ne l'a pas soustrait à cette obligation. il doit être assimilé au demandeur ordinaire (2).

1. Trib. consulaire de France à Constantinople, 31 juillet 1874 ; confirmation, Aix, 11 février 1875. *J. de dr. int. privé*, 1876, p. 101.

2. Dalloz, au mot, n. 60.

3. En appel, la caution peut-elle être exigée ? La grande majorité des auteurs et la jurisprudence ont admis une distinction : il est impossible, en effet, de toujours regarder comme demandeur celui qui interjette appel : le vrai demandeur est celui qui, dans l'instance primitive, a introduit l'exploit d'ajournement : dès lors il faut bien considérer deux hypothèses :

L'étranger défendeur en première instance peut être appelant ou intimé. Est-il appelant ? On a soutenu qu'il ne devait pas la caution, car il ne fait que continuer sa défense, et à ses moyens primitifs il lui est permis d'en ajouter un nouveau : il est impossible d'empêcher cet étranger de se défendre. On objecte à tort à cet argument que dans l'instance d'appel, les rôles sont intervertis, et que le défendeur devient demandeur ; dès lors l'étranger doit être astreint à la caution, puisque l'art. 16 du Code civil stipule, d'une manière générale, que tout demandeur étranger est soumis à cette obligation. Cette opinion n'a jamais prévalu : un arrêt du Parlement de Paris (1) avait décidé que le défendeur en première instance devenant appelant était dispensé de la caution. Cette jurisprudence a été reprise à bon droit par nos tribunaux, car l'étranger ne fait que continuer sa défense (2). Mais le défen-

1. 16 janvier 1710.
2. Merlin, *op. cit.*, § 8, n. 4 ; Nancy, 18 août 1875, *J. de dr.*

deur primitif peut avoir gagné son procès, et être intimé : dans ce cas, il ne saurait être question de caution, puisque le défendeur en première instance est défendeur en appel.

Dans la seconde hypothèse, l'étranger a été primitivement demandeur. S'il est appelant, il n'y a aucun doute : il sera tenu de fournir la caution, car il conservera sa première situation (1). Est-il intimé ? La question peut-être controversée. D'après une première doctrine, cet étranger devra être astreint à cette garantie, car il faut seulement considérer sa qualité dans le procès primitif, et l'appel n'est que la continuation de la première instance (2). Cette opinion est rejetée par la jurisprudence la plus récente : il est incontestable, en effet, que si l'étranger est en apparence défendeur, il est en réalité demandeur : mais il n'est pas nécessaire de lui attribuer toutes les obligations du demandeur ordinaire : en première instance il a assigné, mais il était fondé dans ses prétentions, puisque les premiers juges lui avaient donné gain de cause. Le défendeur primitif veut risquer les frais de l'appel, libre à lui, mais l'étranger ne peut être tenu de les

int. pr., 1876, 454 ; Paris, 20 avril 1877, *J. de dr. int. privé*, 1878, 159.

1. Paris, 19 nov. 1856, Dalloz, 1859, II, 160.

2. Weiss, p. 763.

garantir (1). Cette solution nous paraît devoir être adoptée, car on ne saurait témoigner de la défiance à cet étranger, puisque sa demande a été favorablement accueillie par les premiers juges.

Mais la caution pourra-t-elle être requise pour la première fois en appel ? On a soutenu la négative en s'appuyant sur le silence du défendeur en première instance : mais on peut répondre en faisant valoir la généralité des termes des articles 16 et 166 : la caution est donc exigible devant toutes les juridictions. D'ailleurs le national a autant de raisons d'être protégé devant la Cour que devant les premiers juges : il en a même plus, car les frais d'appel sont beaucoup plus élevés que ceux de première instance. Cette théorie a été adoptée par la grande majorité des auteurs et par la jurisprudence (2).

Au cas où la caution est réclamée pour la première fois en appel, cette prétention est donc justifiée d'après la plus récente jurisprudence ; cependant, il a été jugé que la garantie ne pourrait concerner que les frais et dépens de l'appel, et non ceux de première instance, à l'égard desquels il y a une présomption de renonciation. Cette doctrine n'a soulevé aucune controverse. MM. Bioche et Gou-

1. Paris, 9 janvier 1884, aff. de Bauffremont, Dalloz, 1885, II, 231.

2. Paris, 9 janvier 1884, Dalloz, 1885. II, 231 ; Nancy, 22 juin 1889, Dalloz, 1889, II, 241.

jet admettent une exception à cette règle : lorsque le défendeur a été condamné par défaut en première instance, il peut demander une caution destinée à couvrir les frais du premier procès, car, dans ce cas, cette caution est bien réclamée avant toute exception (1).

6. Dans les voies de recours extraordinaires, le même principe sera appliqué : on considérera la qualité originaire de l'étranger. D'après une opinion, un étranger qui se pourvoit en cassation perd définitivement la qualité de défendeur qu'il a pu avoir dans la première instance, aussi doit-il fournir la caution (2) ; mais, d'après l'opinion générale, cet étranger ne doit pas être soumis à l'article 16.

Si l'étranger, demandeur primitivement, est demandeur au pourvoi, il doit évidemment la caution ; mais s'il est défendeur au pourvoi en cassation, la même controverse que celle déjà discutée pour l'appel s'élève ; elle devra être résolue dans le même sens : cet étranger ne devra pas être astreint à la caution, car c'est malgré lui qu'il est entraîné devant la juridiction de la Cour de cassation ; dans ce cas, il aurait triomphé en appel, aussi serait-il illogique de lui témoigner de la méfiance (3).

1. Nancy, 22 juin 1889 ; Dalloz, 1889. II, 241.
2. Coin Delisle, *Jouissance des droits civils*, p. 76.
3. Cass., 29 novembre 1888, *Journal des Tribunaux*, 23 décembre 1888.

La même question s'est posée pour la requête civile ; elle devra être résolue avec les mêmes principes.

L'étendue de la garantie est soumise aux mêmes règles qu'en appel (1).

7. La caution peut-elle être requise si l'étranger demande l'exequatur en France d'un jugement par lui obtenu à l'étranger, alors qu'il était défendeur au principal ?

La question revient à discuter si une demande à fin d'exequatur est distincte de l'action principale. La solution affirmative ne saurait être douteuse, car ces deux instances ont deux objets différents. On ne peut soutenir qu'en ce cas le demandeur doit être assimilé à l'appelant, ce qui le dispenserait de fournir une caution ; l'appel n'est qu'une continuation de la défense, tandis que la demande en exequatur est une instance nouvelle et distincte. Il est impossible de donner à cette action le même caractère qu'à un titre paré ayant force exécutoire, car on demande précisément aux tribunaux français de revêtir ce jugement étranger d'un *pareatis* qui lui donne cette force exécutoire.

La Cour de Nancy a consacré cette doctrine : elle a considéré la demande à fin d'exequatur comme une action distincte de l'action au principal, et comme

1. Voir même chapitre, p. 111 ; Cass., belge, 8 mai et 5 juin 1879, *J. dr. int. privé*, 1881, p. 69.

telle elle l'a soumise à l'exception de la caution *judicatum solvi* (1).

8. Quelques espèces particulières doivent être étudiées.

Il a été jugé qu'un défendeur peut toujours requérir la caution, si son avoué se présente à l'audience seulement pour poser qualités, en se réservant de conclure ultérieurement : ce fait n'implique pas, en effet, la mise en mouvement de l'instance (2).

De même, au cas de demande en garantie, il n'y a pas de déchéance encourue par le défendeur, puisque la loi fixe des délais pendant lesquels la demande en garantie doit être rigoureusement formée et dénoncée au demandeur (art. 175 et suiv., C. de proc. civile) (3).

Il a encore été décidé (4) que la partie assignée en reddition de compte et ayant présenté ce compte, peut réclamer la caution si des contestations s'élèvent sur celui-ci.

Le tribunal peut statuer sur cette exception avant l'expiration des délais de réassignation, dans le cas d'un jugement par défaut profit-joint, à la condition que l'étranger demandeur originaire n'ait pas demandé de sursis (4).

1. Nancy, 16 juin 1877 ; Sirey, 1878, p. 15 et 16.

2. Lille, 12 mars 1891 ; *Rev. prat. de dr. international*, 1890-1891, I, 124.

3. C. supér. Bruxelles, 21 février 1828.

4. Paris, 30 juillet 1834 ; Sirey, 1834, II, 434.

9. La caution, d'après une règle posée au début de ce chapitre, doit être fournie *in limine litis*, mais un changement de condition peut intervenir chez l'une des parties : si le demandeur devient, au cours de l'instance, astreint à la caution pour une cause quelconque, le défendeur français peut, dès que ce changement de condition est intervenu, soulever l'exception *judicatum solvi*, et cet incident devra être résolu à son avantage : néanmoins, si ce défendeur fait quelque acte de procédure, il pourra être regardé comme renonçant au bénéfice de la caution (1).

La solution sera la même, qu'il s'agisse d'un demandeur français qui a perdu le bénéfice de la dispense ou qu'il s'agisse d'un demandeur étranger qui devient soumis à la caution, soit parce que son admission à domicile a été rapportée, soit parce qu'un traité a été dénoncé, ou pour toute autre cause.

10. Quelle est la procédure employée pour soulever cette exception ?

En justice de paix, pour simplifier l'instance, la caution sera réclamée verbalement ; son montant sera peu élevé en général, et s'il s'agit d'une somme d'argent, elle sera déposée au greffe. Au tribunal de commerce, la caution sera requise par conclusions ou verbalement.

1. Weiss, *Précis de droit int. privé*, p. 772.

Devant les juridictions civiles et criminelles, la caution peut être réclamée de deux manières : elle sera requise par un acte du palais, c'est-à-dire par une requête d'avoué à avoué ; s'il s'agit d'une affaire sommaire, un simple acte devra suffire : s'il s'agit, au contraire, d'une affaire ordinaire, l'exception pourra être soulevée avec une requête grossoyée qui ne devra pas avoir plus de deux rôles (1). Dans ce cas, il sera répondu à la requête de la même manière. Dans les affaires sommaires, la caution pourra être réclamée d'une seconde manière : des conclusions suffiront pour proposer cette exception, il est même admis que des conclusions prises verbalement à l'audience peuvent ouvrir cet incident, mais c'est une simple tolérance de la part des tribunaux : l'article 75, § 4, ne fait, en effet, aucune distinction à ce sujet entre les affaires sommaires et ordinaires, aussi en droit, il faut rejeter cette doctrine, malgré l'autorité de MM. Chauveau et Godoffre, qui la défendent.

11. C'est à celui qui oppose l'exception *judicatum solvi* de prouver l'extranéité du demandeur : il s'agit, en effet, d'une mesure hors du droit commun, et c'est à celui qui s'en prévaut d'en établir le bien fondé. Le tribunal ne sera d'ailleurs pas obligé d'accueillir favorablement cette demande ; il pourra la rejeter, s'il ne la considère pas comme sérieuse :

1. Art. 75 du tarif.

ainsi, il a été jugé que si un défendeur soulevait l'exception de la caution sur une demande de 0,25 centimes, sa prétention devrait être rejetée. Cette théorie ne paraît pas fondée (1).

Le jugement qui ordonne la caution devra fixer la somme à laquelle devra s'élever la caution (art. 167. Code de procédure civile) ; il déterminera aussi les délais dans lesquels cette caution devra être fournie.

Ce jugement est préparatoire, aussi ne peut-il pas statuer définitivement en ce qui concerne les dépens, sauf cependant, si des contestations ayant été soulevées, il a fallu plaider sur l'exception ; mais si ce jugement est préparatoire quant au fond du litige, il est définitif quant à l'exception, aussi à ce point de vue est-il *hic et nunc* susceptible d'appel : cette solution n'a pas été controversée. L'appel sur ce jugement préparatoire suspendra évidemment l'instance principale.

Si un jugement ordonne la prestation d'une caution, l'étranger devra la fournir : s'il ne s'exécute pas, il pourra seulement être déclaré non recevable quant à présent, et toute audience lui sera refusée tant qu'il n'aura pas fourni la caution. Il en sera de même si le jugement impartit un délai pour la dation : l'inobservation de ce délai n'entraînera pas la déchéance de l'action elle-même, elle constituera seulement une fin de non-recevoir qui sera

1. Cass., 3 janvier 1850 ; *Gaz. des Trib.*, 6 janvier 1850.

toujours opposable au demandeur ; celui-ci pourra donc toujours satisfaire à l'obligation qui lui incombe, et la déchéance quant au droit lui-même ne pourra jamais être proposée contre lui ; l'inobservation du délai pourra cependant entraîner contre le demandeur la péremption de l'instance (1).

Dans une espèce particulière, il a été jugé que des oppositions formées par un étranger qui en poursuit la validité, doivent être provisoirement levées, faute par cet étranger d'avoir fourni la caution dans le délai imparti : en effet, l'étranger aurait alors un moyen de vexation à sa disposition (2).

12. A qui doivent incomber les dépens du jugement préparatoire qui statue sur la caution *judicatum solvi* ? Tout d'abord, il est incontestable que ce jugement, doit, en principe, comme tous les jugements préparatoires, réserver les dépens de l'incident, qui auront le même sort que ceux de l'instance principale.

Le français défendeur, qui aura succombé en soulevant cette exception, devra évidemment être condamné aux dépens, qui en résultent, pour suivre le vœu exprimé par l'article 130 du Code de procédure civile. Mais le défendeur peut triompher, et, dans cette hypothèse, comme le jugement préparatoire ne

1. Paris, 23 janvier 1891 ; Dalloz. 1892. II, 327.

2. Seine, 21 février 1840; *Droit*, 25 février 1840 ; Vincent et Pénaud, *op. cit.*, n° 127.

préjuge en rien la solution du litige, les dépens doivent être réservés, pour qu'il soit statué sur eux lors du jugement définitif (1) : néanmoins, il n'en sera pas ainsi, si l'étranger demandeur au principal a résisté, s'il a discuté sur sa nationalité, s'il l'a déniée ou bien s'il a contesté qu'il soit obligé de donner caution : dans ces différents cas, cet étranger devra être condamné aux dépens de l'incident, car il aura été la cause de frais extraordinaires, dont il devra être responsable, alors même que plus tard il triompherait dans l'instance principale.

13. Le jugement qui ordonne de fournir une caution fixe, comme on l'a vu, un délai dans lequel elle sera donnée ; il y a dès lors une procédure de présentation, d'acceptation ou de contestation de caution ; cette procédure est applicable à la caution judiciaire, mais elle l'est aussi à la caution légale, s'il s'élève des difficultés.

La présentation de la caution comprend deux actes : d'abord, sauf en justice de paix, un acte de dépôt au greffe des titres qui établissent légalement la solvabilité de la caution ; cet acte énoncera tous les actes de propriété joints ; il énumérera les pièces qui constatent l'accomplissement des formalités de purge des hypothèques légales sur les immeubles ; enfin, il citera les certificats négatifs délivrés par les conservateurs des hypothèques constatant que cha-

1. Colmar, 3 février 1821.

que immeuble n'est grevé d'aucune inscription hypothécaire, tant conventionnelle ou légale que judiciaire. La présentation de la caution exige un second acte, qui est un exploit d'huissier, signifié à la partie, si elle n'a pas d'avoué : si celle-ci a un avoué, cet acte est un acte d'avoué signifié à l'avoué du défendeur ; cet exploit contient la désignation de la caution, telle qu'elle résulte du jugement qui l'a déterminée, et la copie des titres déposés au greffe pour établir la solvabilité de cette caution. S'il s'agit d'un acte d'avoué à avoué, c'est-à-dire d'un acte du palais, il a lieu dans les formes habituelles et dans les termes de l'exploit (art. 518, C. de pr. civile).

La partie (art. 519, C. de pr. civile) prendra connaissance au greffe des titres déposés ; elle acceptera la caution soit expressément par un acte du palais, soit tacitement, ce qui a surtout lieu dans la pratique, en laissant expirer le délai imparti par le jugement pour contester la caution ; l'acceptation peut aussi avoir lieu par acte extrajudiciaire.

Il peut y avoir lieu à contestation, mais celle-ci devra se produire dans le délai fixé par le jugement ; si la partie n'a pas d'avoué, la contestation sera signifiée par un exploit d'huissier contenant constitution ; si elle a un avoué, elle pourra être faite par une déclaration signifiée d'avoué à avoué, ou, ce qui est le cas le plus habituel, par des conclusions signifiées par acte du palais ; ces conclusions pourront contenir avenir, mais dans la pratique ce sera le contesté qui sera obligé de donner avenir, car le défendeur contestant aura peu d'intérêt à le faire. Si la contestation a eu lieu par exploit d'huissier, ne contenant pas constitution d'avoué, ce qui est irrégulier, le contestant sera cité à l'audience par exploit d'huissier signifié à domicile.

La contestation portera en général sur la solvabilité de la caution : les immeubles qu'elle possédera, par exemple, seront grevés d'hypothèques, et le défendeur soutiendra que les garanties à lui offertes sont insuffisantes. Ce litige s'élevera seulement entre le contestant et le contesté ; la caution ne sera pas convoquée à y prendre part, et ne sera pas recevable à y intervenir.

Dès que la caution sera admise, qu'elle le soit immédiatement par le défendeur ou par le tribunal après contestation, elle devra faire sa soumission par acte au greffe (art. 519-522, code procédure civile) : par cet acte la caution déclare se constituer caution et assumer toutes les conséquences de cette situation.

En matière commerciale la procédure est la même.

Dans la pratique le tribunal fixe toujours une somme qui doit être déposée, ec affectation spéciale, à la Caisse des dépôts et consignations ; ce système évite les difficultés.

14. La voie de l'appel est ouverte à l'étranger

condamné en première instance à fournir la caution ; il en sera ainsi même si la somme ayant été déposée le défendeur appelle pour demander l'élévation du chiffre de la caution. Le jugement qui statue sur cette exception est préparatoire quant au principal, mais définitif quant à l'incident soulevé, aussi est-il conforme aux lois qu'il soit susceptible d'appel.

15. Quels sont les frais de l'exception *judicatum solvi ?* La question est résolue par l'article 75 du Tarif.

En matière sommaire, l'avoué du demandeur ne peut réclamer que les déboursés.

En matière ordinaire, l'exception a lieu par une requête d'avoué à avoué, qui ne peut excéder deux rôles : le rôle est taxé à deux francs, et chaque copie est payée le quart du rôle, soit 0,50 centimes. La requête en réponse est soumise aux mêmes règles. Au cas de conclusions, on applique les frais inhérents à ces actes de procédure.

Les frais du jugement sont soumis à la même taxe que ceux d'un incident.

16. La théorie a quelquefois le défaut de manquer de précision ; souvent, dans la pratique, il y a des hésitations, aussi n'est-il peut-être pas inutile de donner un type de conclusions, qui ont déjà été soumises aux tribunaux, et qui ont été favorablement accueillies.

Conclusions à fin de « cautio judicatum solvi »

Plaise au Tribunal,

Attendu que M. A. est étranger, et qu'il n'a pas en France la jouissance des droits civils : qu'il ne remplit pas les conditions prévues par la loi ou les conventions diplomatiques pour être soustrait au droit commun qui régit les étrangers en France.

Attendu qu'en vertu des art. 16 du Code civil et 166 du Code de procédure civile. tout demandeur étranger est tenu, sur la réquisition du défendeur français, de fournir caution à celui-ci pour sûreté des frais qui seront causés par ladite instance, et des dommages et intérêts auxquels le demandeur pourra être condamné ;

Attendu que M. A. étant étranger est soumis à ces dispositions de la législation française : qu'il y a donc lieu, avant toute discussion sur le fond même de sa demande, d'exiger bonne et solvable caution pour garantir le concluant ;

Attendu en outre que le concluant est dans l'intention de réclamer à M. A. des dommages et intérêts pour le préjudice à lui causé par la demande injustifiée dudit M. A. ;

Attendu que ces dommages et intérêts ne sauraient être évalués à une somme moindre de... ;

Attendu enfin qu'il y a lieu de condamner M. A. à fournir, avant faire droit, ladite somme de... à titre de caution *judicatum solvi.*

Par ces Motifs.

Sous réserves de toutes autres exceptions, ordonner, avant faire droit, que, dans les trois jours du jugement à intervenir, M. A. devra donner bonne et solvable caution pour sûreté des condamnations susmentionnées ;

Dire que cette caution atteindra la somme de... ;

Déclarer M. A., faute par lui de donner ladite caution dans le délai à lui imparti, non recevable en sa demande, et, dans tous les cas, le condamner en tous les dépens dont distraction à Me C..., avoué aux offres de droit.

Sous toutes réserves

Et ce sera justice

Dont acte pour.

CHAPITRE VII

ÉTENDUE DE LA CAUTION ; SES CARACTÈRES

1. Mais quelle doit être l'étendue de la caution ? D'une part, l'article 16 du Code civil stipule que « la caution sera donnée pour le paiement des frais « et dommages résultant du procès ». D'autre part, l'article 166 du Code de procédure civile décide qu'elle garantira « les frais et dommages-intérêts « auxquels l'étranger sera condamné ». L'interprétation du Code de procédure est beaucoup plus large ; néanmoins la jurisprudence et la doctrine ont donné à ces deux articles la même signification, et elles ont décidé que la caution devait seulement garantir le paiement des frais et dommages-intérêts résultant du procès ; tous ceux qui proviendront d'un préjudice antérieur ne se trouveront donc pas protégés par la caution, car en réalité ils sont étrangers à l'instance : en effet, comme l'a fait observer un auteur, si le Français demandait reconventionnellement des dommages-intérêts pour un préjudice antérieur à l'instance, l'étranger serait dans ce cas défen-

deur : or la caution n'est due que par le demandeur.

Il faudra donner une interprétation plutôt large à cette expression : « dommages résultant du procès ». Ce seront les dommages qui seront causés au défendeur en cas d'abus de citation, c'est-à-dire si l'ajournement étant mal fondé, il en est résulté pour le défendeur un tort préjudiciable à son crédit. Il faudra étendre cette expression à tous les actes qui, d'une manière générale, sont de nature à donner lieu à des dommages et intérêts.

La caution doit encore garantir le paiement des frais résultant du procès ; il n'est évidemment pas question de ceux du demandeur au principal, car celui-ci en est tenu personnellement vis-à-vis de son avoué, qui a d'ailleurs une action contre son client. Il s'agit des frais faits par le défendeur pour résister à l'action qui lui est intentée ; s'il triomphe, ces frais seront ainsi garantis ; s'il perd son procès, ce sera à lui de payer ces frais. La caution ne doit donc garantir que les frais faits par le défendeur.

Cependant la caution ne couvrira que les frais résultant directement du procès, que ceux dont l'instance a été la cause directe ; elle ne concernera jamais ceux qui sont occasionnels, à moins que ceux-ci ne soient imposés au demandeur comme dommages et intérêts.

La caution ne sera pas tenue enfin des amendes qui pourraient être prononcées contre le demandeur étranger, car l'amende est toujours une condamnation pénale, et la caution ne doit garantir que les frais et dommages-intérêts résultant du procès.

2. La caution sera-t-elle tenue des droits d'enregistrement auxquels l'instance donnera lieu ?

Il est incontestable d'abord que la condamnation aux dépens ne comprendra pas les droits d'enregistrement des actes produits contre la partie condamnée, lorsqu'ils sont étrangers à cette partie, à moins cependant que cette condamnation n'ait été prononcée qu'à titre de dommages et intérêts. Cette doctrine ne saurait être contestée (1).

Mais si les droits d'enregistrement ne sont pas étrangers au demandeur étranger, la caution en sera-t-elle tenue ? La solution affirmative s'impose, car on ne pourrait soutenir que les droits d'enregistrement ne font pas partie des dépens ; la question à résoudre d'abord sera donc celle de savoir si ces droits proviennent ou non du procès lui-même. Il a été jugé avec raison (2), par application de ce principe, que les droits d'enregistrement qui pourraient être perçus sur les conventions antérieures intervenues entre les parties ne sont pas compris dans la caution : en général, en effet, la condamnation aux

1. Cass., 3 mars 1863 ; Dalloz, 1863, I, 375.
2. Paris, 27 juillet 1875 ; Dalloz, 1877, II, 117.

dépens ne doit pas comprendre les frais que les parties auraient dû payer, s'il n'y avait pas eu de procès, car la caution *judicatum solvi* doit seulement couvrir ces frais là.

3. Dans l'estimation de la caution, faudra-t-il tenir compte des frais éventuels d'appel ?

D'après une première opinion (1), il doit en être ainsi : en effet, dit-on, l'éventualité d'un appel doit être prévue en première instance, car il serait immoral de permettre l'incident de la caution deux fois : ce serait un moyen purement dilatoire.

Une deuxième doctrine (2) qui triomphe dans la jurisprudence, n'admet pas que la caution soit tenue des frais éventuels d'appel : aucun texte ne l'exige : en outre adopter la thèse adverse, c'est soutenir que la caution une fois fixée ne peut plus être augmentée : ce corollaire de la première doctrine est faux, car il est de l'intérêt du demandeur, sans que le défendeur en éprouve aucun préjudice, que la caution ne comporte pas des sommes énormes ; il ne faut pas que celle-ci soit pour ainsi dire illimitée. En outre il est incontestable que la caution peut être augmentée au cours de l'instance ; la logique même exige cette interprétation de notre loi : en effet, il peut survenir au cours de l'instance des circonstan-

1. Coin Delisle, *Jouissance des droits civils*, n° 18 ; Bacquet, *op. cit.*. ch. 17, n° 9 ; Nouveau Denisart.

2. Boncenne, *op. cit.*, III, 191.

ces et des incidents qui nécessitent une caution supplémentaire, si l'on veut que les dépens soient réellement garanties : il est de l'intérêt des deux parties qu'il en soit ainsi : le français aura une sûreté meilleure : l'étranger ne verra pas la caution atteindre un chiffre trop élevé.

Néanmoins le premier jugement peut fixer le montant de la caution avec réserve de l'élever, ou bien les parties peuvent avoir fait un contrat à cet égard, et dans ces deux cas, la caution ne pourra pas en principe être augmentée.

Il a été jugé que la caution pouvait recevoir un supplément, si celle fixée par le premier jugement était entièrement épuisée (1).

La Cour de cassation a décidé (2) enfin que la fixation de la caution pouvait n'être que provisoire; mais l'arrêt est ancien, et il pourrait n'être pas confirmé.

4. La caution sera déchargée lorsque l'instance aura reçu sa solution définitive, ou bien par le paiement, s'il y a lieu, des frais et dommages-intérêts résultant du procès; mais dans le premier cas, il faut, s'il y a un jugement, qu'il ait été rendu en dernier ressort.

En ce qui concerne le pourvoi en cassation et la requête civile, on décide en doctrine qu'ils déchar-

1. Metz, 13 mars 1821.
2. Cass. 12 nivôse an XII.

gent la caution : ce sont, en effet, des voies de recours extraordinaires ; la caution n'est tenue de répondre que des frais de la juridiction qui l'a ordonnée ; elle ne pourrait être responsable des dépens résultant d'un pourvoi en cassation ou d'une requête civile, car ces recours sont imprévus.

5. Cependant l'article 16 n'est pas nécessairement une caution ; il admet que celle-ci puisse être remplacée par des garanties équivalentes.

Il est d'abord hors de doute qu'un gage en nantissement suffisant pourra tenir lieu de caution : les termes de l'article 2041 du Code civil sont généraux, et ils admettent toujours cette substitution.

De même la consignation d'une somme égale à celle dont est tenue la caution, par application de l'article 167 du Code de procédure civile, remplacera cette caution.

Si l'étranger possède des immeubles dans certaines conditions, il pourra être dispensé de donner la caution ; en ce cas, ce n'est pas, comme dans les deux premières hypothèses, une garantie qui est fournie, ce sont, pour ainsi dire, des sûretés équivalentes qui sont données au défendeur au principal ; en réalité l'étranger jouit d'une véritable dispense de caution, qui est fondée sur la situation même des immeubles qu'il possède, car ceux-ci doivent avoir certains caractères pour tenir lieu de caution. Ces immeubles doivent d'abord avoir « une valeur suffisante pour assurer le paiement » des frais et des dommages-intérêts résultant de l'instance (art. 16) : cette condition avait à peine besoin d'être formulée, tellement elle est logique.

Ces immeubles doivent encore être situés en France : en effet, l'étranger est en ce cas comme caution de lui-même, et, en vertu de l'article 2019 du Code civil, il doit être solvable : les immeubles que l'étranger pourrait posséder hors de France pourraient donner lieu à une discussion difficile, car ils sont régis par la loi locale et leur éloignement même serait une source de difficultés. En outre ces immeubles doivent être situés dans le ressort de la Cour d'appel : en effet, l'article 2023 du Code civil exige cette condition pour les biens du débiteur principal que la caution renvoie à discuter.

On a soutenu (1), que les immeubles possédés par l'étranger devaient être corporels parce que la loi (art. 167 C. de procédure civile), exige qu'ils soient « situés en France » ; à notre avis (2), il est permis de dire aussi bien d'un droit de propriété immobilière que d'un droit incorporel mobilier, qu'il est « situé en France » ; la loi a employé des termes généraux, aussi le commentateur ne doit pas distinguer, quand elle ne l'a pas fait ; il faut voir

1. Aubry et Rau, I, p. 129, n. 13.

2. Baudry-Lacantinerie, *Traité de droit civil*, I, p. 457 ; Weiss, *op. cit.*, p. 767, n. 5.

dans cette doctrine, comme le dit M. Baudry-Lacantinerie, une influence « de la vieille confusion de l'objet du droit avec le droit lui-même ». Il en faut conclure que l'usufruitier peut-être dispensé de la caution.

Il a été jugé avec raison qu'un droit de copropriété par indivis sur des immeubles situés en France (1), qu'un droit de nu-propriété et qu'un droit d'emphythéose tenaient lieu de caution, car ce sont des droits immobiliers et corporels. Un grand pouvoir d'appréciation est d'ailleurs laissé aux juges à cet égard, et ils doivent en user.

Le défendeur peut-il prendre hypothèque sur ces immeubles par application du jugement qui en déclare la valeur suffisante ? D'abord le jugement lui-même peut décider si une hypothèque peut ou non être prise ; en outre, d'après une opinion, la loi veut que le défendeur ait sûreté contre le demandeur, aussi doit-il avoir le droit de prendre une inscription hypothécaire ; mais cette doctrine doit être rejetée, car aucune disposition de la loi ne la légitime, et comme la caution constitue une exception au droit commun, les textes qui la concernent doivent être interprétés *stricto sensû* (2) ; le défendeur n'a donc pas le droit de prendre une inscription hy-

1. Bordeaux, 23 janvier 1850.

2. *Sic :* Baudry-Lacantinerie, *op. cit.*, I, p. 459 ; Aubry et Rau, *eodem loco*, n. 14. *Contrà :* Rousseau et Laisney, art. 11-17 ; Boncenne, Delvincourt, Chauveau.

pothécaire sur les biens du demandeur, sauf stipulation expresse dans le jugement.

6. En droit strict, la garantie exigée par l'article 16 du Code civil est un engagement personnel pris par une caution ; mais quel est le caractère de cette caution ? Est-elle légale, judiciaire ou conventionnelle ? La disposition de la loi est trop impérative pour permettre une controverse : il s'agit d'une caution légale, régie comme telle par les articles 2018 et 2019 du Code civil.

Une caution, pour répondre à son but, doit remplir certaines conditions, qui assureront une certaine garantie ; pour que le créancier soit obligé de l'accepter, l'art. 2018 exige trois conditions :

Il faut d'abord qu'elle ait capacité pleine et entière de contracter, sinon elle serait illusoire ; cette capacité est nécessaire pour permettre d'engager tous les biens.

La caution doit encore être domiciliée dans le ressort de la Cour d'appel, pour faciliter les poursuites du créancier.

Enfin la caution doit être solvable ; au lieu de laisser aux magistrats un large pouvoir discrétionnaire, le législateur, dans l'article 2019 du Code civil, a donné les éléments qui constituent la solvabilité d'une personne : seules les propriétés foncières devront être considérées par le juge pour apprécier la solvabilité de la créance ; c'est toujours sous l'influence de la vieille maxime *res mobilis, res vilis*, que cette disposition a été introduite dans nos lois, et il faut le regretter ; néanmoins « si la dette est modique », le tribunal pourra ne pas tenir compte de cet élément. L'article 2019 établit une autre exception, qui peut devenir importante depuis la loi du 5 mars 1895 : en matière de commerce, la solvabilité de la caution ne s'estimera pas, eu égard à ses propriétés foncières ; cette disposition s'explique, car en général les commerçants ont une fortune surtout mobilière, et il aurait été exorbitant de ne pas les admettre comme cautions, parce qu'ils n'avaient aucun immeuble. Donc, en matière commerciale, la solvabilité de la caution ne devra pas être appréciée eu égard à ses propriétés foncières.

L'article 2019 ajoute qu'on « n'a point égard aux immeubles litigieux, ou dont la discussion deviendrait trop difficile par l'éloignement de leur situation ». Le législateur ne définit pas ce qu'il entend par *immeuble litigieux* : il faut l'en féliciter, car les tribunaux auront un large pouvoir d'appréciation et ils posséderont les éléments suffisants pour en bien user.

La caution sera fournie et reçue, suivant la procédure ordinaire établie par les articles 517 et suivants du Code de procédure civile.

CHAPITRE VIII

LE DROIT CONVENTIONNEL

1. L'établissement des personnes est une des matières qui ont donné lieu au plus grand nombre de conventions internationales. Le droit le plus important pour un étranger est celui de séjourner dans le pays ; en second lieu, c'est celui de pouvoir contracter ; enfin vient le droit d'ester en justice ; toutes ces facultés ont fait l'objet de nombreux traités, et la caution *judicatum solvi* a trouvé sa place dans ces conventions synallagmatiques ; néanmoins il convient de faire des distinctions.

Dans certains traités, la question a été formellement prévue : les ressortissants des États signataires sont respectivement dispensés de fournir la caution. Dans d'autres traités, il y a seulement une clause de « libre et facile accès ». Dans quelques traités enfin la clause de « la nation la plus favorisée » est stipulée. Il faut examiner successivement ces différents cas et rechercher la signification de ces dispositions.

D'autres traités, sans admettre en thèse générale

la dispense de la caution *judicatum solvi*, stipulent qu'elle existera dans tous les cas où l'assistance judiciaire aura été accordée. En principe, l'étranger admis au bénéfice de l'assistance est tenu de fournir la caution ; la jurisprudence est formelle à cet égard, et avec raison : l'assistance, en effet, a pour but unique de décharger son bénéficiaire de certains frais, qui empêcheraient souvent l'exercice de ses droits ; le défendeur français ne discute pas l'admission à cette assistance judiciaire, aussi serait-il peu logique de diminuer ses garanties. Il faut donc rejeter toute idée d'accorder la dispense de la caution *judicatum solvi* au bénéficiaire de l'assistance judiciaire.

Avant d'étudier le droit conventionnel, il importe de résoudre une question : un traité diplomatique peut-il modifier une disposition de nos Codes (1) ?

D'après une première opinion, une loi peut être modifiée seulement par une loi, et non par un traité. Cette théorie ne saurait être adoptée : en effet, plusieurs articles de notre Code civil (2123 et 2128) stipulent qu'ils peuvent être modifiés par une loi politique ou par un traité ; il faut en conclure, puisque le législateur de l'an XII a mentionné spécialement les lois politiques à côté des traités, que le traité et

1. *J. dr. int. privé.* 1874. p. 107. Article de M. Demangeat à propos du jugement du Tribunal de la Seine, en date du 5 février 1874, qui a admis la solution négative.

la loi sont deux actes différents, et que leur validité ne dépend pas des même conditions. Cette première opinion ne pourrait être alors fondée que si la loi et le traité étaient deux actes identiques, car dans ce cas un article de notre Code ne pourrait être modifié que par l'accomplissement de certaines formalités qui seraient celles requises pour une loi ou pour un traité. Cette similitude est contraire à la constitution française actuelle ; elle était en opposition avec l'article 50 de la constitution de l'an VIII, avec l'article 58 du sénatus-consulte organique du 16 thermidor an X, qui dispensaient le pouvoir exécutif de la tutelle du pouvoir législatif en matière de traités. La Charte de 1814 et l'article 6 de la constitution de 1852 posaient le même principe. On doit donc admettre la seconde doctrine : un traité peut modifier un texte de nos lois (1). La question s'est souvent posée devant les tribunaux qui ont toujours adopté cette solution ; elle a surtout été controversée pour les traités signés seulement par le pouvoir exécutif ; aujourd'hui il n'en est plus de même, car le pouvoir législatif ratifie tous les traités qui se rapportent à l'état des personnes.

Une autre catégorie de traités existe entre la France et différents Etats ; dans ces conventions existe la clause du « libre et facile accès auprès des tribu-

1. Seine, 22 février 1870, Dalloz, 1870, III, 78 ; Seine, 10 mai 1883, *J. dr. int. privé*, 1883, 610.

naux ». Cette disposition entraîne-t-elle dispense de la caution *judicatum solvi* ?

D'après une première opinion, il faut admettre la solution négative : les lois, en effet, ne peuvent être modifiées que par d'autres lois, et un traité diplomatique ne saurait anéantir ce principe. Cette doctrine déjà combattue, est abandonnée par tous les jurisconsultes, comme on l'a vu.

Une autre école a soutenu, au contraire, qu'une convention diplomatique pouvait modifier nos Codes, et que la cause du libre et facile accès auprès des tribunaux français impliquait la dispense de la caution *judicatum solvi* : il est incontestable, en effet, que celle-ci constitue un obstacle pour l'étranger demandeur : aussi il faut en conclure que la liberté d'accès supprime l'entrave résultant de cette exception (1).

Les traités peuvent contenir une autre clause, celle « de la nation la plus favorisée ». Quelle sera la situation des étrangers ressortissants d'un pays qui jouit du traitement de la nation la plus favorisée ? Seront-ils ou non dispensés de fournir la caution *judicatum solvi* ? La question a reçu de la jurisprudence une solution qui ne soulève aucune discussion. Deux cas pourront se présenter : cette clause, dans une première hypothèse, aura une application déterminée, et dès lors elle devra avoir une portée

1. Seine, 22 février 1870, D. 1870, III, 78.

spéciale ; cette clause, dans la deuxième hypothèse, sera générale et, au lieu de régler les relations commerciales des parties contractantes, elle se référera à la condition générale des étrangers. Dans le premier cas la caution subsistera ; dans le second elle sera supprimée. Cette distinction a été consacrée par une récente jurisprudence (1), et aujourd'hui elle est généralement admise.

2. I. Il y a plusieurs pays qui ont avec la France un traité dispensant leurs nationaux de la caution ; la convention la plus ancienne est celle du 24 mars 1760 entre la France et le royaume de la Sardaigne ; elle est regardée comme continuant à régir les rapports entre le royaume d'Italie et notre pays : en effet, il est impossible de refuser à l'Italie le bénéfice d'un traité contracté par la Sardaigne qui, en définitive, a seulement augmenté son territoire ; d'ailleurs une déclaration diplomatique du 18 septembre 1860, dûment promulguée en France, a réglementé quelques dispositions de l'art. 22 de la convention de 1760, et c'est précisément ce texte qui dispense, par voie de réciprocité, les nationaux des deux Etats de la caution (2).

Le dernier alinéa de l'art. 22 du traité de 1760 est

1 Bastia, 29 avril 1873, Dalloz, 1873, III, 79 ; Cass., 22 juillet 1886, Dalloz, 1887, I, 227.

2. *J. dr. int. privé*, 1888. 99, au sujet d'un jugement du Tribunal de Saint-Quentin du 30 octobre 1885.

formel : « Pour être admis en jugement les sujets « respectifs ne seront tenus, de part et d'autre, « qu'aux mêmes cautions et formalités qui s'exi- « gent de ceux du propre ressort, suivant l'usage de « chaque tribunal. » Les Français demandeurs sont dispensés de la caution *judicatum solvi* ; il en faut conclure que les Italiens demandeurs jouissent du même privilège.

3. La Suisse a eu en cette matière trois traités avec la France. Le traité d'alliance défensive du 4 vendémiaire an XII (27 sept. 1803), conclu à Fribourg entre les deux républiques, stipulait (art 14) : « Il ne sera exigé des Français qui auraient à pour- « suivre une action en Suisse, et des Suisses qui « auraient une action à poursuivre en France, aucun « droit, caution ou dépôt auxquels ne seraient pas « soumis les nationaux eux-mêmes, conformément « aux lois de chaque endroit. » Il faut tirer de ce texte la même conclusion que du traité franco-sarde de 1760. Les articles 1er et 3 de la convention franco-suisse du 30 mai 1827, signée à Berne, maintiennent le même principe.

Le traité récent du 15 juin 1869, a confirmé cet état de choses dans son article 13 : « Il ne sera exigé « des Français qui auraient à poursuivre une action « en Suisse aucun droit, caution ou dépôt, auxquels « ne seraient pas soumis, conformément aux lois du « canton où l'action est intentée, les ressortissants

« suisses des autres cantons: réciproquement, il ne « sera exigé des Suisses qui auraient à poursuivre « une action en France aucun droit, caution ou dé- « pôt, auxquels ne seraient pas soumis les Français « d'après les lois françaises. » L'interprétation de cette clause n'a soulevé aucune controverse (1).

4. Une stipulation semblable existait dans le traité d'amitié, de commerce et de navigation, signé à Paris le 18 janvier 1883, entre la France et la Serbie (art. 5) et qui a été dénoncé : « Il ne sera exigé des « Français qui auraient à poursuivre une action en « Serbie, ou des Serbes qui auraient à poursuivre « une action en France, aucune caution ou dépôt « auquel ne seraient pas soumis, en France, les ci- « toyens de la nation la plus favorisée, ni aucun « droit auquel les nationaux ne seraient pas soumis « d'après les lois du pays. »

Il avait été jugé que les étrangers, admis par un traité à jouir en France des mêmes droits que les regnicoles, étaient dispensés de la caution : il fallait appliquer dans notre espèce ce principe. De nombreuses décisions judiciaires avaient décidé, au contraire, qu'un traité stipulant que les jugements des tribunaux des parties contractantes seraient exécutoires, n'impliquait pas la dispense de cette caution.

5. La France et la Russie ont conclu une convention les 15/27 juillet 1896 relative à la caution *judicatum*

1. Vaud, 22 décembre 1885, *J. dr. int. privé*, 1887, 681.

solvi. Les Français qui ont à poursuivre une action en Russie, comme demandeurs principaux ou intervenants, sont dispensés de tous droit, caution ou dépôt auxquels ne sont pas soumis les sujets russes conformément aux lois de l'Empire. Réciproquement, les sujets russes ne sont pas tenus de fournir d'autres droit, dépôt ou caution que ceux auxquels sont astreints les Français d'après les lois françaises.

Cette convention fait double emploi avec le traité du 1er avril 1874 (art. 2), qui stipule le libre accès des tribunaux pour les sujets des deux nations ; en outre, elle a été seulement insérée au *Bulletin du ministère de la justice ;* le *Journal officiel* et le *Bulletin des Lois* ne l'ont pas, à notre connaissance, reproduite. Enfin, les Chambres n'ont pas ratifié cette convention, et l'article 8 de la loi du 16 juillet 1875 exige cette ratification pour que cette convention devienne exécutoire : en effet, celle-ci stipule la suppression de la caution, aussi est-elle bien relative à l'état des personnes; dès lors, elle rentre dans la catégorie des conventions prévues par l'article 8 de la loi du 16 juillet 1875, stipulant que tous les traités relatifs « à l'état des personnes, ne sont définitifs qu'après avoir été votés par les Chambres ».

6. II. On connaît les effets des traités sur l'assistance judiciaire. Quelques-uns contiennent des dispositions relatives à la caution *judicatum solvi*.

Une convention conclue à Paris le 19 février 1870,

entre la France et l'Italie, règle les rapports des deux États au point de vue de l'assistance judiciaire. D'après son article 3. « les Français admis, en Italie, « les Italiens admis, en France, au bénéfice de l'as- « sistance judiciaire, seront dispensés, de plein « droit, de toute caution ou dépôt qui, sous quelque « dénomination que ce soit, peut être exigé des « étrangers plaidant contre les nationaux par la « législation du pays où l'action est introduite. » Cette disposition fait d'ailleurs double emploi avec le traité de 1760.

Une convention conclue à Paris, le 22 mars 1870, entre la France et la Belgique, relative à l'assistance judiciaire, adopte le même principe (art. 3) : les termes de cette disposition sont identiques à ceux de la convention franco-italienne du 19 février 1870.

L'art. 3 de la convention conclue à Paris, le 22 mars 1870, entre la France et le grand-duché de Luxembourg, au sujet de l'assistance judiciaire, contient la même clause.

La convention du 14 mai 1879, entre la France et l'Autriche-Hongrie, possède la même disposition (art. 3).

Le 11 mars 1870, une convention était conclue entre la France et la Bavière pour régler l'admission à l'assistance judiciaire ; son article 3 posait le même principe. L'Allemagne, par une convention du 10 février 1880, admit le même principe dans ses rapports avec la France ; ce texte est nécessaire puisque, d'après la jurisprudence, le traité de Francfort ne dispense pas les sujets allemands de la caution *judicatum solvi*, lorsqu'ils sont demandeurs en France.

Enfin, une convention franco-espagnole, conclue à Paris, le 14 mai 1884, au sujet de l'assistance judiciaire, admit notre principe dans son article 3. Cette disposition faisait double emploi avec une clause du traité franco-espagnol du 6 février 1882, dénoncé depuis, et avec un article du traité de 1862.

7. III. Il convient de mentionner les traités qui sont en vigueur entre la France et différents Etats, et qui contiennent la clause du « libre et facile accès auprès des tribunaux », dont un des effets est la dispense de la caution :

Traité du 9 décembre 1834 entre la France et la Bolivie (art. 3).

Traité du 6 juin 1834 entre la France et l'Equateur (art. 4), renouvelé par le traité du 12 mai 1888.

Traité du 15 septembre 1846 entre la France et le Chili (art. 3).

Traité du 8 mars 1848 entre la France et le Guatémala (art. 4).

Traité du 12 mars 1848 entre la France et la République de Costa-Rica, qui adopte le traité du 8 mars 1848 entre la France et le Guatémala.

Traité du 4 mars 1853 entre la France et le Paraguay (art. 9).

Traité du 9 mars 1853 entre la France et le Portugal.

Traité du 22 février 1856 entre la France et le Honduras (art. 4).

Traité du 15 mai 1856 entre la France et la Nouvelle-Grenade (art. 4).

Traité du 29 octobre 1857 entre la France et les îles Sandwich (art. 4).

Traité du 2 janvier 1858 entre la France et San Salvador (art. 4).

Traité du 11 avril 1859 entre la France et Nicaragua (art. 4).

Traité du 10 mars 1862 entre la France et le Pérou (art. 3).

Traité du 1er avril 1874 entre la France et la Russie (art. 2), qui est remplacé par le traité des 15/27 juillet 1896, dont il a été parlé.

Traité du 6 février 1882 entre la France et l'Espagne (art. 3).

Traité du 9 septembre 1882 entre la France et la République dominicaine.

Traité du 10 juillet 1885 entre la France et la République sud-africaine.

Traité du 27 novembre 1886 entre la France et le

Mexique (art. 3); cette clause accorde aux nationaux accès auprès des tribunaux, mais sa portée est très générale, aussi dans la pratique elle pourra peut-être soulever des contestations.

8. IV. Il est nécessaire d'examiner les traités qui contiennent la clause de la nation la plus favorisée *lato sensu* : cette disposition, en effet, supprime la caution *judicatum solvi*.

Le traité du 7 juin 1826 entre la France et le Brésil (art. 6) est formel : « Les sujets de chacune « des Hautes Parties contractantes jouiront en leurs « personnes des mêmes droits, faveurs, privilèges, « exemptions, qui sont ou seraient accordés aux « sujets de la nation la plus favorisée ».

Le traité des 17-20 avril 1852, signé à Monrovia, entre la France et la République de Libéria contient une clause analogue (art. 3).

Traité du 12 juillet 1855, conclu à Téhéran, entre la France et la Perse (art. 3).

Traité du 15 août 1856, signé à Bangkok, entre la France et le royaume de Siam (art. 2).

Traité du 24 janvier 1873, conclu à Paris entre la France et la Birmanie (art. 1) qui fait double emploi avec la convention supplémentaire, conclue entre les deux Etats à Paris, le 15 janvier 1885 (art. 2).

Un traité, aujourd'hui dénoncé, avait été conclu entre la France et la Serbie le 18 janvier 1883 ; son article 5, on l'a vu, stipulait le libre et facile accès auprès des tribunaux pour les sujets des deux Etats ; son article 3 contient la clause de la nation la plus favorisée, et, comme il se plaçait à un point de vue très général, il fallait en conclure qu'il supprimait la caution. Deux textes permettaient donc aux ressortissants de ces deux Etats de réclamer la dispense de cette obligation ; aujourd'hui il n'y en a plus aucun, et le droit commun est en vigueur.

Les Allemands jouissent-ils de ce privilège en vertu de l'article 11 du traité de Francfort (1871) ? Il faut distinguer : en matière de commerce il n'y a aucun doute, et il faut admettre la suppression de la caution : en matière civile, au contraire, il faut la rejeter, car l'art. 11 du traité de Francfort s'applique exclusivement aux matières commerciales : « Les « traités de commerce, dit-il, avec les différents « Etats de l'Allemagne ayant été annulés par la « guerre, le Gouvernement Français et le Gouver- « nement Allemand prendront pour base de leurs « relations commerciales le régime du traitement « réciproque sur le pied de la nation la plus favo- « risée ». On ne saurait attribuer à cette disposition une portée générale, et le tribunal de Bastia (1) a bien jugé en astreignant un allemand demandeur à fournir, en matière civile, la caution.

Le traité du 16 mai 1882 entre la France et l'Angleterre supprime-t-il la caution ? La solution néga-

1. Bastia, 29 avril 1873, Dalloz, 1873, III, 79.

tive a été adoptée avec raison (1) ; en effet, ce traité spécifie seulement les droits que les Anglais peuvent exercer en France et les exemptions nouvelles des obligations précédemment imposées ; en outre le droit de plaider avec libre accès devant les tribubunaux français n'a nullement été conféré aux sujets britanniques. Dans ces conditions, l'Anglais demandeur est tenu de donner caution, si le français défendeur le requiert.

Il a été jugé encore (2) que les sujets des Etats-Unis étaient soumis à la même obligation, puisque les traités entre leur pays et la France ne contenaient aucune dispense.

9. Quelques cas particuliers peuvent se présenter.

L'étranger dans le pays duquel le français est dispensé de caution est-il tenu de fournir en France la caution *judicatum solvi* ? Une distinction est nécessaire : l'article 11 du Code civil, dont la portée est générale, stipule qu'au cas de traité diplomatique le principe de la réciprocité doit être appliqué ; il n'y a aucune raison de déroger en notre matière à cette règle ; mais il faut que cette dispense soit conférée au français par un traité diplomatique ; il ne suffirait pas que le français fût dispensé de cette obligation par la loi ou par la jurisprudence du pays étranger, car l'article « ne pourrait plus avoir

1. Seine, 10 mai 1883 ; *J. dr. int. prive*, 1883, p. 610.
2. Seine, 15 février 1881, *La Loi*, 16 février 1881.

d'effet. Cette doctrine ne soulève d'ailleurs aucune controverse (1).

Les traités qui autorisent l'exécution des jugements étrangers en France n'impliquent pas la suppression de la caution *judicatum solvi*. Merlin a soutenu a tort la thèse contraire : en effet, le traité est silencieux, alors que toujours cette clause est insérée dans les autres conventions, qui dispensent de la caution ; on ne peut porter atteinte à un privilège de nationalité sans un texte formel ; l législateur n'a pas seulement pensé aux difficultés d'exécution lorsqu'il a établi la caution : il est impossible enfin de suppléer au silence d'un traité (2).

10. La question de la dispense de la caution *judicatum sovli* s'est posée pour la propriété industrielle ; on a soutenu que, depuis l'union internationale du 20 mars 1883, l'étranger demandeur devait être soustrait à cette obligation, puisque l'art. 2 de ce texte dit : « L'étranger a la même protection que le « national et le même recours légal contre toute at- « teinte portée à ses droits » ; cette doctrine a été admise d'abord par la jurisprudence belge (3), mais aujourd'hui elle est rejetée : les travaux préparatoires et le protocole de clôture, en effet, condamnent cette interprétation, puisqu'ils stipulent que

1. Aubry et Rau, VIII, 130.
2. Colmar, 12 avril 1859 ; Sirey, 1859, II, 428.
3. Bruxelles, 28 juillet 1887. *Le Droit*, 9 oct. 1887.

l'art. 2 ne doit « porter aucune atteinte à la législa-« tion des Etats contractants en ce qui concerne la « procédure suivie devant les tribunaux et la com-« pétence de ces tribunaux ». Aujourd'hui la doctrine et la jurisprudence adoptent cette deuxième doctrine (1).

En matière de propriété littéraire et artistique, la même question s'est posée : il convient d'interpréter dans le même sens le traité d'union du 9 septembre 1886 (2) : les dispositions d'une convention qui accordent aux sujets des États signataires la même protection ne peuvent pas emporter dispense de fournir la caution, puisque les législations des États contractants doivent subsister intactes.

11. Mais la condition juridique des parties peut être modifiée, soit avant l'introduction de l'instance, soit au cours même de cette instance. Il n'y a à s'occuper ici que des changements introduits par une convention diplomatique.

Si le changement de la situation juridique a eu lieu avant l'introduction de l'instance, il n'y a aucun doute, on l'a déjà vu ; il faudra se placer au moment de l'instance, sauf quelques cas déjà signalés.

1. Cass. belge, 5 avril 1888. Sirey, 1889, IV, 13 ; Cass. française, 4 février 1888, Sirey, II, 199.

2. *Sic* : Rouen, 3 août 1891 (*Rev. pr. dr. int.*, 1892, I, 185) ; *Contrà* : Sens, 7 mars 1888, Sirey, 1888, II, 199 ; Cattreux, *Le droit d'auteur*, p. 73.

Mais ces modifications peuvent survenir au cours de l'instance, et elles doivent avoir une influence sur la situation respective des parties : ainsi un Francais qui, par un traité, deviendrait étranger, doit fournir la caution. Si une convention dispensant de cette obligation intervenait au milieu du procès, elle ne pourrait pas avoir d'effet rétroactif : cette question a été résolue en ce sens par un arrêt (1).

12. Les conventions ou décrets qui ont accordé aux sociétés étrangères le droit d'ester en justice en France ne les ont pas dispensées de la caution. Un arrêt de la Cour de Paris a jugé ainsi (1) la question.

La France et l'Angleterre, par une convention du 30 avril 1862, ont régularisé la situation respective des compagnies, associations commerciales, indusdustrielles et financières ; celles-ci ont le droit d'exercer tous leurs droits et d'ester en justice, soit comme demanderesses, soit comme détenderesses, mais elles doivent se conformer aux lois de l'État ; de ces dispositions il faut seulement conclure la reconnaissance de la personnalité juridique de ces corps moraux ; une dérogation quelconque à l'art. 16 du Code civil est d'autant moins admissible de la part de l'État français que la convention ne fait au-

1. Paris, 29 juin 1889, *Rev. pr. de dr. int.*, 1889, à caution *jud. solvi*, n. 16.

cune distinction entre la faculté d'intenter une action et celle d'y défendre ; en outre, cette convention exige que ces sociétés se conforment aux lois de l'État où l'action est poursuivie ; dans tous les cas l'autorisation générale de s'établir en France ne peut pas entraîner la dispense de la caution ; cette convention a donc voulu seulement reconnaître la personnalité juridique de ces sociétés.

CHAPITRE IX

LÉGISLATION COMPARÉE

1. Les États peuvent être divisés en deux catégories ; les uns, adoptant les mêmes principes que le législateur français, témoignent de la méfiance aux étrangers ; ils emploient différentes mesures qui se rapprochent plus ou moins du système français de la caution *judicatum solvi*, Les autres se montrent plus libéraux et suppriment complètement la caution.

Parmi les pays qui exigent la caution de tout étranger demandeur, il faut d'abord parler de ceux dont les lois ont subi l'influence directe de notre Code civil : les législations de tous ces peuples possèdent l'article 16, aussi réclament-elles une caution ; il en est ainsi en Belgique, dans le grand-duché de Luxembourg, dans la république d'Haïti.

En Pologne, notre Code est en vigueur, mais la caution exigée de l'étranger diffère à un point de vue de celle réclamée en France : elle ne peut pas être demandée si l'étranger possède un établissement industriel dans le pays, ce qui constitue une restriction très légitime à notre article 16.

2. En Belgique, le Code civil français est aussi en vigueur ; la caution est donc exigée de tout demandeur étranger, mais les dispositions de la loi française ont été modifiées par une loi du 25 août 1885 (1), portant révision de la législation en matière de vices redhibitoires.

En matière de vices redhibitoires, l'étranger demandeur devra fournir, à la demande du défendeur, la caution *judicatum solvi*, sinon il sera déclaré non recevable en ses prétentions. Le montant de cette caution sera fixée en numéraire, dès la première audience, par le juge de paix compétent pour l'action principale ; le jugement sera exécutoire, sans qu'il soit nécessaire préalablement de le signifier, et il ne sera pas susceptible d'appel ; cette dernière disposition de la loi belge est d'ailleurs applicable dans tous les cas.

Le projet de révision du Code de procédure belge supprime la caution, car cette institution, pour employer les termes de M. Allard, le rapporteur, « n'est plus en rapport avec les principes du droit des gens modernes » ; M. Laurent est favorable à cette suppression, et il a plusieurs fois soutenu cette thèse que les étrangers doivent être mis sur la

1. *Moniteur* du 28 août 1885.

même ligne que les nationaux. Telles sont les idées adoptées par les jurisconsultes belges.

Le gouvernement belge a conclu, comme on le sait, une convention (22 mars 1870) avec la France, au sujet de l'assistance judiciaire : les ressortissants de l'un des deux États contractants, qui obtiennent dans l'autre État le bénéfice de l'assistance judiciaire, sont dispensés de la caution *judicatum solvi*. Le 28 mai 1870 (1), une loi a approuvé (art. 1) cette convention, et l'article 2 de cette loi a autorisé « le gouvernement à conclure des arrangements semblables avec les autres États ». Le gouvernement a usé de ce droit, et, en 1872, il avait déjà signé des conventions avec le grand-duché de Luxembourg (5 août-3 septembre 1870) et l'Italie (30 juillet-12 novembre 1870).

3. Le Code de procédure civile allemand (30 janvier 1877) admet la caution *judicatum solvi*, qui est réglementée dans le livre I, aux titres VI (art. 101-105) et VII (art. 106 et 106).

En principe (2), tous les étrangers demandeurs doivent donner caution au défendeur, s'il le réclame : il y a cependant cinq cas dans lesquels ils ne sont pas astreints à cette obligation (art. 102) :

1° Quand, d'après les lois de l'Etat auquel l'étran-

1. *Annuaire de législation étrangère*, tome I, p. 352.

2. Glasson, Lederlin et Dareste, *Code de procédure civile pour l'Empire d'Allemagne*, traduit et annoté.

ger appartient, un Allemand n'est pas, dans le même cas obligé de fournir caution dans cet Etat.

2° Dans les procédures sur titres ou sur lettres de change et billets à ordre.

3° Dans les demandes reconventionnelles.

4° Dans les actions intentées à la suite d'une action provocatoire (1).

5° Dans les actions ayant pour objet des droits inscrits sur les registres fonciers ou hypothécaires d'une autorité allemande.

La caution est donc obligatoire, sauf au cas de réciprocité législative ; il y a aussi dispense de caution dans certains cas limitativement énoncés où la prétention du demandeur est présumée fondée. La loi allemande présente déjà deux différences avec la loi française : d'après notre Code, l'étranger n'est dispensé que très rarement de la caution : en Allemagne, la législation est plus libérale. En outre, il ne suffit pas qu'un texte étranger dispense le Français de cette obligation : il faut une convention internationale : il n'en est pas de même en Alle-

1. On appelle action provocatoire (aufgebotsverfahren), en droit civil allemand, la « sommation de produire des réclamations ou des droits, de faire connaître des créances, de déclarer la valeur ou la fausseté d'un titre par exemple, alors qu'aucun adversaire ne se présente contre qui le procès puisse être dirigé ». Voir le *Code d'organisation judiciaire allemand* (art. 23), traduit par M. Dubarle, imprimerie nationale, 1885.

magne, où l'on se contente de la réciprocité législative.

Cette caution est destinée, d'après l'art. 107 du Code allemand, à couvrir les frais du procès. La loi française, au contraire, a créé la caution pour garantir non seulement les frais du procès, mais encore les dommages et intérêts. Voilà une troisième différence entre les deux législations.

Le défendeur est recevable à exiger la caution (art. 103), lorsque, au cours de la contestation, le demandeur perd la qualité d'allemand, ou lorsque la cause à raison de laquelle l'étranger était dispensé de la caution vient à cesser, et que la partie de la prétention du demandeur qui n'est pas contestée ne suffit pas pour garantir le défendeur.

Le tribunal est souverain juge pour fixer l'étendue de la caution ; il s'appuiera, dans cette détermination, sur le montant des frais que le défendeur devra vraisemblablement exposer dans l'instance ; il ne prendra pas en considération les frais qui pourront être occasionnés au défendeur par une demande reconventionnelle. D'ailleurs le défendeur peut, au cours de l'instance, demander l'augmentation de la caution, dans le cas où la partie de la demande qui n'est pas contestée ne suffit pas pour le garantir. La caution sera représentée par le dépôt d'une somme d'argent ou de valeurs qui, d'après l'appréciation desjuges, assurent une garantie suffisante (art. 101) ; néanmoins les parties peuvent déroger à cette disposition par une convention spéciale.

Le tribunal, en ordonnant la caution, fixe un délai pour la prestation de celle-ci ; à l'expiration de ce délai, et si la caution n'est pas fournie avant le jugement, sur les conclusions du défendeur, la demande doit être déclarée retirée, ou, s'il s'agit d'une voie de recours introduite par le demandeur, cette voie de recours doit être rejetée (art. 105).

La concession de l'assistance judiciaire dispense le bénéficiaire (art. 107, 2°) de la caution ; l'étranger ne pouvant réclamer cette assistance que s'il y a garantie de réciprocité (art. 106), il en résulte que dans la pratique, il profite rarement de cette assistance, et par conséquent de la dispense de caution.

4. Aux Pays-Bas, tout demandeur étranger doit fournir, à la requête du défendeur, aussi bien en matière civile qu'en matière commerciale, la caution ; il en est dispensé, s'il justifie de la possession dans le pays d'immeubles, qui représentent une valeur suffisante, mais dans ce cas il doit donner une inscription hypothécaire. La loi du 26 juin 1876 exige que le défendeur réclame la caution avant toute autre exception ; elle admet la légitimité de cette exception en cassation, mais elle dispense de cette garantie le demandeur qui était défendeur en première instance.

Le décret du 5 mars 1851 a établi la caution en Serbie ; elle ne garantit dans ce pays que le paiement des frais judiciaires.

En Grèce le même principe est admis : tout demandeur étranger doit fournir, si le défendeur le requiert, une caution ; cependant dans trois cas il en est dispensé par la législation grecque :

1° Lorsqu'il possède en Grèce des immeubles d'une valeur suffisante ;

2° Dans le cas où la partie de la créance non contestée est suffisante pour garantir le paiement des frais et des dommages-intérêts du procès ;

3° En matière commerciale.

Ces dispositions de la législation grecque peuvent être modifiées par des conventions internationales.

5. La législation autrichienne (1) présente cette particularité d'astreindre à la caution non seulement l'étranger, mais encore le national : d'après l'*allgemeine gerichtsordnung*, l'obligation de fournir la caution est indépendante de la nationalité du demandeur : il suffit, en effet, que celui-ci ne possède pas, dans la province où il plaide, une fortune suffisante pour garantir le paiement des frais (art. 406 à 408 C. de procédure civile), pour qu'il soit tenu de donner une caution ; il est cependant dispensé de

1. *Annuaire de législation étrangère*, année 1878, tome VIII, p. 223.

cette obligation s'il jure, par un serment appelé *Paupertädseid*, qu'il est dans l'impossibilité de le faire.

Le nouveau projet de Code de procédure autrichien maintient la caution *judicatum solvi* ; celle-ci devra garantir seulement les frais du procès, et toutes les personnes qui ont obtenu l'assistance judiciaire seront dispensées de la fournir.

La loi du 23 juin 1878 supprime pour tout demandeur étranger ou national qui jouit déjà de l'exemption du droit de timbre et des frais de procédure civile, l'obligation de donner une caution ou de jurer qu'il ne peut la fournir ; cette loi a été faite en vue de la convention austro-française du 14 mars 1879.

6. Dans la législation anglaise (1), au contraire, en principe, la caution est exigée de tout demandeur qui réside à l'étranger ; peu importe qu'il soit regnicole ou étranger; peu importe qu'il possède ou non en Angleterre des immeubles d'une valeur suffisante. Le demandeur qui réside dans le pays sera toujours dispensé de fournir la caution, qu'il soit étranger ou non. Exceptionnellement le demandeur regnicole qui réside en Angleterre, devra donner cette garantie en cas d'appel devant le conseil privé contre les jugements rendus dans les pays qui sont

1. Glasson, *Histoire du droit et des institutions de l'Angleterre*, tome VI, page 131.

soumis à la Grande-Bretagne. La caution, d'après la loi anglaise, est destinée à garantir seulement les frais de justice.

Le même principe existe dans la législation des Etats-Unis (1); le demandeur, dont le domicile n'est pas dans l'Etat où le procès est engagé, doit, si le défendeur le requiert, donner une caution, dont le montant est fixé à 250 dollars. La législation américaine ne voit pas dans cette mesure une méfiance à l'égard de l'étranger, puisque le citoyen américain lui-même est obligé de fournir cette garantie, s'il introduit une instance dans un Etat autre que celui où il est domicilié.

7. Les républiques de l'Amérique du Sud admettent la caution aussi bien pour les étrangers que pour les nationaux; dans la République argentine, les étrangers sont toujours astreints à la caution quelle que soit leur résidence; quant à l'argentin il y est soumis dans certains cas (2).

Au Brésil (3), la caution n'est due qu'en matières civile et commerciale; elle garantit les frais du procès; elle peut être exigée en tout état de cause,

1. *J. dr. int. privé*, article de MM. Coudert : *De l'exécution des jugements étrangers aux Etats-Unis*, année 1879, p. 27.

2. Daireaux, *Etudes sur les principes de dr. int. privé*, à propos d'une réforme des lois qui y régissent la constitution de la famille, Paris, in-8, 1885.

3. *J. dr. int. privé*, 1880, p. 515. Article du baron de Ourem, sur la loi du 10 juillet 1850.

même en appel ; le demandeur est déchu de l'instance, s'il ne la fournit pas dans le délai imparti. Le propriétaire d'immeubles est astreint à cette obligation s'il en est requis, quoique un arrêt de la Cour d'appel de Rio (20 décembre 1876) ait décidé le contraire. Les indigents n'y sont pas soumis, à la condition qu'ils justifient de l'impossibilité de la fournir. Le demandeur, malgré une vive controverse, peut la réclamer du défendeur qui forme une demande reconventionnelle. Il n'y a pas lieu à caution lorsqu'il s'agit de distraction de biens dans les expropriations (1), ou s'il s'agit d'obtenir l'exécution d'un titre paré. Il y a une voie de recours, celle du grief, qui est ouverte contre le jugement qui statue sur cet incident : on appelle ainsi (2) une voie de recours ordinaire devant une juridiction supérieure, admise limitativement, c'est-à-dire dans les seuls cas où il existe une disposition législative.

Au Brésil, la législation de la caution *judicatum solvi* est donc bienveillante ; cette tendance s'explique par la nécessité de protéger les étrangers dans les pays neufs, car il faut les y attirer ; la caution revêt dans la jeune république le caractère d'une garantie, accordée au défendeur, qu'il soit étranger ou brésilien ; quant au demandeur il y est astreint,

1. Per. e Souza, *Proc. civile*, note 372.
2. *Annuaire de la législation étrangère*, 1878, VIII, p. 751, note 2.

quelle que soit sa nationalité, s'il réside hors de la République. Le projet de Code civil, élaboré par M. Nabuco, conseiller d'État, supprimait la caution ; mais qu'est-il devenu dans la crise que traverse le Brésil ?

Dans la République du Pérou (1), l'article 153 du Code de procédure civile astreint à la caution *de resultas* l'étranger demandeur, qui est de passage, c'est-à-dire non domicilié, ou qui n'a pas de biens connus ; cette caution est destinée à garantir le paiement des frais qui résultent du procès engagé ; tous les défendeurs peuvent exiger cette caution, et peu importe qu'ils soient péruviens ou étrangers. Le paiement des dommages et intérêts, qui peuvent résulter de l'instance est aussi couvert par cette caution. Dès que l'étranger est domicilié au Pérou, il est dispensé de la caution. La législation de cette République diffère de celle du Brésil à cet égard.

8. La législation civile italienne date de 1865 ; elle supprime des conflits de droit international en posant comme principe que les étrangers jouissent dans le royaume d'Italie des droits civils accordés aux nationaux ; ils peuvent donc exiger un des plus importants de ces droits civils, celui d'obtenir librement justice aussi bien des Italiens que des étrangers ; la loi n'exige aucune condition de réciprocité

1. *J. dr. int. privé*. 1878, tome V. Pradier-Fodéré, *De la condition légale des étrangers au Pérou*, p. 584.

ni de résidence. Dans ces conditions, il est impossible d'admettre la caution *judicatum solvi*. Cette disposition est libérale, et elle est fondée sur ce fait qu'un demandeur, parce qu'il est étranger, ne peut pas être présumé insolvable ; souvent, ajoutait même le rapporteur, la caution n'est qu'une arme, dont se sert le défendeur pour retarder la solution de l'instance ou pour tracasser le demandeur (1).

De nombreux traités ont été conclus par l'Italie avec des pays étrangers ; ils accordent aux Italiens à l'étranger le même traitement que celui dont jouissent les étrangers en Italie : une loi du 14 décembre 1871 a approuvé une convention italo-américaine, aux termes de laquelle (art. 3), les citoyens de chaque partie contractante « jouiront dans chaque Etat des mêmes droits et privilèges qui sont ou seront accordés aux nationaux, pourvu qu'ils se soumettent aux conditions imposées à ces derniers ». D'autres conventions semblables ont été conclues par le royaume d'Italie (2).

9. Les anciennes coutumes espagnoles exigeaient dans certains cas déterminés la caution, et en principe le demandeur avait une entière liberté pour ester en justice. L'article 238 de la loi du 5 octobre 1855 décida que les étrangers seraient astreints à la caution dans les cas où les Espagnols étaient soumis à la

1. *J. dr. int. privé*, 1879, p. 335.
2. *Ann. législ. étrangère*, tome I. p. 311.

même obligation. Mais en matière criminelle il n'y avait pas de caution ; cette disposition a été avant 1889 modifiée et le demandeur dut fournir caution sauf dans deux cas : s'il était la personne lésée ou son représentant ; s'il était un ascendant ou un descendant, le mari ou la femme de la victime.

Le Code civil actuel (1), modifié par la loi de 1889, dit dans son article 27 : « Les étrangers jouissent en « Espagne des droits que les lois civiles accordent « aux Espagnols, sauf ce qui est dit à l'art. 2 de la « constitution de l'État et dans les traités interna- « tionaux ». Le même principe est donc en vigueur : les étrangers seront astreints à la caution dans les mêmes cas que les Espagnols, puisque l'art. 2 de la constitution ne parle pas de la caution : de cette disposition de l'art. 27 il faut donc conclure que, pour la dation de la caution, les étrangers sont placés dans la même situation.

10. Le Code civil portugais, promulgué le premier juillet 1867, et le Code de procédure civile de 1876 ne parlent pas de la caution *judicatum solvi*, qui est appelée par un jurisconsulte (2) « un rêve ». L'article 26 du Code civil est d'ailleurs formel : « Les étran- « gers qui résident ou voyagent en Portugal ont les « mêmes droits et sont soumis aux mêmes obliga-

1. Lehr, *Le droit civil espagnol*, tome I, n° 14.
2. Article de M. Jordao, dans la *Revue historique du droit français et étranger*, tome III, p. 369.

« tions civiles que les Portugais, relativement aux « actes susceptibles de produire leurs effets dans le « royaume ». Les étrangers sont donc soumis au même régime que les Portugais en ce qui concerne les droits civils.

La législation suédoise était très sévère à l'égard des étrangers qui avaient seulement le droit de circuler dans le royaume : peu à peu elle s'adoucit, et l'étranger aujourd'hui est soumis à une seule incapacité en matière civile : il ne peut pas être tuteur ou *giftoman*. Il n'est pas soumis à la caution *judicatum solvi*, et peut ester librement en justice ; le comité de législation avait proposé d'astreindre à la caution les étrangers, mais sa proposition a été repoussée (1).

11. La Suisse, en cette matière comme dans toutes les autres, offre les types de législation les plus différents. Les Codes des cantons varient, et si les uns admettent la caution, les autres la rejettent sans même en parler. Il ne peut être question d'étudier les textes de la législation qui régit chacun des cantons suisses ; le cadre de cette étude ne le permet pas, et ensuite il serait peut-être impossible d'esquisser la condition des étrangers dans certains cantons qui sont encore soumis aux vieilles coutumes.

1. Article de M. Dareste dans le *J. dr. int. privé* (1880, p. 437), sur la condition légale des étrangers en Suède.

A Genève, le Code civil français, sauf des modifications sans importance, est encore en vigueur, et l'article 16 stipule que « en toutes matières autres « que celles de commerce, l'étranger qui sera de- « mandeur sera tenu de donner caution pour le « paiement des frais et dommages-intérêts résultant « du procès, à moins qu'il ne possède dans ce can- « ton des immeubles d'une valeur suffisante pour « assurer ce paiement ». Les articles 67 et 68 du Code de procédure complètent ces dispositions : le demandeur étranger sera dispensé de la caution, s'il est sujet d'un État dans lequel on ne l'exige pas du Genevois demandeur. Cette législation est heureusement tempérée par de nombreuses conventions, car il serait peut-être draconien d'exiger la caution d'un demandeur étranger, grand propriétaire dans un autre canton que celui de Genève, et estant en justice dans cette ville ; d'ailleurs l'étranger admis au domicile n'est pas astreint à la caution, et l'admission à domicile accordée facilement n'a pas, comme en France, une durée limitée.

Dans le canton de Neuchâtel, le même principe est appliqué dans le Code de procédure civile du 2 juin 1876 (1) : en toutes matières la partie non domiciliée dans le canton est tenue à la caution *judicatum solvi* ; il n'y a donc pas d'exception en matière commerciale. Cette caution est réclamée par

1. Art. 104 à 122 du Code.

requête au président, qui y répond, par une ordonnance sans délai et exécutoire sur l'original et sans signification : elle peut être frappée d'opposition et d'appel. Le demandeur doit fournir une caution pour les dommages et intérêts qui peuvent résulter de la mesure provisionnelle (1).

Le Code civil du canton de Zurich de 1887 (2) est plus simpliste ; il ne parle pas de caution, et il admet que les étrangers peuvent ester librement en justice ; Il y a donc à ce point de vue assimilation complète entre les nationaux et les étrangers. L'article premier ne laisse aucun doute : « Le droit civil zuricois s'ap-« plique essentiellement et exclusivement à toutes « les personnes, regnicoles et étrangères, qui demeu-« rent dans le canton de Zurich, ou qui y séjournent, « ou qui y estent en justice ». Or il n'y a pas de caution entre zuricois ; il en faut donc conclure qu'il en est de même lorsqu'un étranger est demandeur devant un tribunal de ce canton.

1. *Ann. de. législ. étrangère*, tome VII, p. 632.
2. Lehr, *Code civil du canton de Zurich*.

CHAPITRE X

LA CAUTION « JUDICATUM SOLVI » A L'INSTITUT DE DROIT INTERNATIONAL ET A LA CONFÉRENCE DE LA HAYE.

1. La caution *judicatum solvi* a souvent occupé les diplomates et l'Institut de Droit international qui l'ont généralement condamnée. Lors de la première session de La Haye (1874), M. Asser, un jurisconsulte hollandais, présenta un rapport sur la question (1).

M. Asser se montra hostile à la caution ; sans méconnaître le dommage éprouvé par un national assigné téméfairement devant un tribunal de son pays par un étranger insolvable, il soutint que si l'on voulait remédier à cet inconvénient, il fallait étendre l'obligation de la caution à tous les demandeurs, qu'ils fussent nationaux ou étrangers, ce qui était évidemment impossible. On a répondu ainsi à cette objection : le demandeur national présente, dans la plupart des cas, des conditions de solvabilité telles que le jugement pourra être exécuté avec efficacité

1. *Annuaire de l'Institut de droit international*, 1878, 44 ; Asser, *Revue de droit international*, 1875, VII, p. 374.

contre lui : d'ailleurs l'étranger qui sera d'une solvabilité apparente incontestable doit être dispensé de la caution par le nouveau Code de procédure civile, et il l'est maintenant s'il possède des immeubles d'une valeur suffisante : quant à l'étranger demandeur qui n'aura dans le pays étranger où il plaide aucun domicile fixe, et qui ne présentera aucune garantie sérieuse, il continuera à être astreint à la caution, et ce sera justice, car le défendeur national se trouvera souvent désarmé pour l'exécution du jugement.

M. Asser ajoutait que si souvent l'exécution d'un jugement obtenu contre un étranger demandeur, était difficile, il en était de même d'un jugement obtenu contre un national demandeur dans sa patrie mais ayant établi dans un autre pays son domicile, *sedes fortunarum*. L'argument n'est pas sans valeur, répondait-on, mais ce deuxième cas constituera une exception, et il n'est pas possible d'établir des principes juridiques d'une application infaillible ; en outre la caution est une mesure de protection en faveur des nationaux, contre les étrangers et non contre les nationaux ; enfin les lois françaises ne sont pas les seules à permettre cette sûreté : les Codes étrangers l'exigent aussi, et c'est surtout à ce point de vue qu'il convient de se placer pour défendre en France la caution.

Comme conclusion le rapport réclamait dans tous

les pays l'exécution réciproque des jugements, qui seraient revêtus d'un exequatur portant sur la forme et non sur le fond ; il est certain que ce système, s'il pouvait être adopté, serait de nature à restreindre la nécessité de la caution : le défendeur Français qui gagnerait son procès contre un demandeur étranger serait assuré de l'exécution du jugement et il n'aurait aucune raison d'exiger une caution pour garantir cette exécution ; mais la question est de savoir si ce système de réciprocité pourra être généralisé, et si tous les États admettront qu'un jugement rendu à l'étranger sera exécutoire chez eux sous la condition d'un simple *exequatur*, qui ne porterait pas sur le fond de ce jugement.

2. Une conférence, composée de représentants de la plupart des puissances européennes, se réunit à La Haye (25 juin-13 juillet 1894), pour proposer des solutions à diverses questions de droit international: ces projets devaient être soumis à la ratification des États et être transformés en convention ; la troisième commission de cette conférence eut la mission d'étudier la caution *judicatum solvi* ; elle était composée de :

MM. le baron de Seckendorff, délégué d'Allemagne, président ;

Asser, délégué des Pays-Bas, président de la conférence ;

Beeckman, délégué de Belgique ;

Beeckmann, délégué de Norvège ;

Roguin, délégué de Suisse, rapporteur.

Cette commission rédigea un long rapport qu'il faut analyser (1).

D'abord la commission distingua deux catégories de pays : ceux qui admettent la caution, et ceux qui la rejettent ; mais elle classe les pays qui exigeaient cette caution en quatre catégories :

1° Les États dont les lois considèrent seulement la nationalité du demandeur (France, Belgique, etc.) : l'étranger y est toujours astreint à cette garantie, sauf dans des cas rares, comme la possession d'immeubles.

2° Les États dont les lois établissent la réciprocité législative, ce qui leur permet de modifier unilatéralement leurs lois.

3° Les États dont les lois (Zurich, Vaud) se préoccupent du domicile ordinaire, et qui exigent la caution de toute personne, nationale ou étrangère, dont le domicile est en dehors du *canton*, où elle veut ester en justice, sauf des conventions spéciales ; il est intéressant néanmoins de remarquer que dans ces États un traité qui stipule l'assimilation entre les étrangers et les nationaux, ne suffit pas pour dispenser les premiers de la caution, puisque, dans certains cas, les nationaux eux-mêmes peuvent être astreints à cette sûreté.

1. *Actes de la deuxième conférence de La Haye*, La Haye, imprimerie nationale (hollandaise), 1894.

4° Les Etats enfin dont les lois admettent le principe de la caution fondée sur la présomption d'insolvabilité du demandeur, et non sur son extranéité.

La Commission fit ensuite observer que, dans la plupart des cas, des traités supprimaient la caution : souvent aussi, il régnait une grande incertitude pour interpréter ces conventions : enfin certains Etats avaient supprimé toute caution. Toutes ces raisons avaient conduit la Commission à proposer un système uniforme et simple.

La Commission proposa la suppression complète de la caution *judicatum solvi*.

D'abord cette caution est plus nuisible qu'utile ; M. Asser montra qu'elle apportait des entraves au droit d'ester en justice, en exigeant des dépôts d'argent et en soulevant des incidents de procédure, qui retardaient la solution des procès. On a objecté à cet argument que le demandeur étranger n'aura pas dans le pays du procès de biens soumis à une réalisation facile ; mais cet étranger y sera bien astreint à l'exécution du jugement, s'il possède des biens mobiliers d'une valeur suffisante. On a objecté encore à cet argument la difficulté d'exécuter à l'étranger le jugement obtenu ; mais cet élément de discussion disparaît, puisque M. Asser proposa la faculté de faire exécuter à l'étranger le jugement, quant aux frais et aux dépens, après un exequatur portant seulement sur la forme et ne revisant pas le fond.

Cette deuxième idée du projet, quant aux frais et aux dépens, diminue la nécessité de la caution : le défendeur ne court pas plus de risques que s'il plaide contre un compatriote : s'il gagne son procès, l'exécution du jugement quant aux frais sera facile. La Commission n'a pas accordé le même privilège aux dommages et intérêts, parce que dans peu de législations la caution les garantit ; en second lieu, l'exécution, après un exequatur de forme d'une partie des jugements constitue une innovation telle qu'il est nécessaire de la circonscrire.

Il est entendu que la suppression de la caution concernait seulement celle exigée d'un plaideur, c'est-à-dire de celui qui intente une action ; il n'est pas question d'une caution exigible d'après les principes ordinaires de la procédure, comme en matière de saisie, de séquestre ou d'exécution provisoire d'un jugement : cette interprétation ne laisse aucun doute, et elle résulte nettement du texte même de l'article 1er, qui sera cité plus bas, et de l'intitulé des Propositions.

On pourrait reprocher à ce projet d'avoir disjoint l'accessoire du principal, d'avoir disjoint les frais et les dépens du litige lui-même ; mais cette objection est purement doctrinale, et les avantages pratiques sont assez grands pour qu'ils aient fait oublier cette considération. Le tribunal ne devait, pour donner l'exequatur, statuer que sur l'authenticité du document produit et sur le caractère de chose jugée de la décision.

La Commission avait donc proposé de supprimer la caution fondée sur la nationalité ou le domicile de l'étranger ; mais elle maintenait celle basée sur une présomption d'insolvabilité, car cette caution s'appliquait aussi bien aux nationaux qu'aux étrangers. Elle n'admettait pas le système de la réciprocité. La distinction entre la caution fondée sur la nationalité et celle basée sur l'insolvabilité est subtile et paraît inconséquente, mais la Conférence n'a pas cru pouvoir assimiler les deux cas, car il y aurait eu immixtion dans les législations intérieures des Etats.

Il était entendu que l'expression *frais et dépens* était très générale, et comprenait notamment les honoraires d'avocat. L'autorité statuant sur la demande d'*exequatur* ne pouvait admettre relativement aux frais et dépens la discussion de la compétence de la juridiction qui avait rendu le jugement.

M. Asser, dans un avant-projet, remarquait dans les législations la tendance à supprimer la caution. Il rappelait l'article 36 de la Convention révisée pour la navigation du Rhin, du 17 octobre 1868, d'après lequel aucune caution ne peut être exigée, à cause de leur nationalité, des étrangers qui plaident devant les tribunaux de la navigation du Rhin ; la Convention de Berne, du 14 octobre 1890, sur le transport des marchandises par chemins de fer, stipule aussi que la caution ne peut pas être exigée dans les actions judiciaires sur le contrat de transport international : dans ces deux Conventions, les jugements rendus sont exécutoires dans les Etats contractants, après un exequatur portant seulement sur l'authenticité du document produit et sur le caractère de chose jugée de la décision.

M. Asser avait proposé un avant-projet de Convention internationale qui ne fut pas adopté par la Commission, et dont le texte était le suivant :

Art. I. Les sujets de chacun des Etats contractants, plaidant devant les tribunaux d'un autre Etat contractant, sont dispensés de toute caution ou dépôt qui, sous quelque dénomination que ce soit, eût pu, aux termes de la législation de l'Etat où l'action est introduite, être exigé d'eux en leur qualité d'étrangers.

Art. II. Les condamnations aux dépens du procès ou au paiement de dommages-intérêts, prononcées dans un des Etats contractants contre un sujet d'un autre Etat contractant, dispensé, en vertu de la disposition de l'article I, de fournir une caution ou de faire un dépôt, qui, aux termes de la législation de l'Etat où l'action est introduite, eût pu être exigé de lui en sa qualité d'étranger, pour assurer le paiement de ces dépens ou de ces dommages-intérêts, seront rendues exécutoires dans l'Etat auquel ressortit cet étranger, par l'autorité compétente de cet Etat, sous les conditions et suivant les formes établies par la législation de cet Etat, mais sans révision du fond de l'affaire.

La Commission adopta un autre avant-projet dont le texte suit :

Article I. Aucune caution ni dépôt, sous quelque dénomination que ce soit, ne peut être imposé à raison, soit de leur qualité d'étrangers, soit du défaut de domicile ou de résidence dans le pays, aux nationaux d'un des Etats contractants plaidant comme demandeurs ou intervenants devant les tribunaux d'un autre de ces Etats.

Article II. Les condamnations aux frais et dépens du procès prononcées dans un des Etats contractants contre le demandeur ou l'intervenant dispensés de la caution ou dépôt en vertu, soit de l'art. 1er, soit de la loi de l'Etat où l'action est intentée, seront rendues exécutoires dans chacun des autres Etats contractants par l'autorité compétente, d'après la loi du pays, pour connaître des demandes d'exequatur des décisions étrangères.

Article III. L'autorité compétente ne fera porter son examen que sur les points suivants :

1° Si, d'après la loi du pays où la condamnation a été prononcée, l'expédition de la décision réunit les conditions nécessaires à son authenticité :

2° Si, d'après la même loi, la décision est passée en force de chose jugée.

3. L'association littéraire et artistique internationale s'occupa de la caution *judicatum solvi* lors de son dernier Congrès de Monaco (1897) : M. Raoul de Clermont (1) fit un rapport sur la question. Déjà, en 1891, M. Pouillet, l'ancien bâtonnier de l'Ordre des avocats, avait demandé, au Congrès de Neuchâtel, la suppression de la caution : en 1891, M. Georges Maillard avait émis le même vœu à Milan : en 1894, M. Pouillet, fit un rapport, et le Congrès d'Anvers s'associa au projet de la Conférence de La Haye. Tous ces projets adoptaient le système de M. Asser : ils réclamaient la suppression de la caution, mais ils demandaient en même temps une exécution plus facile des jugements à l'étranger. A Monaco, les deux vœux suivants furent adoptés (1897) :

« 1° Le Congrès est d'avis que, dans les contestations relatives aux questions de propriété littéraire et artistique, le défendeur ne soit plus admis à invoquer l'exception de caution *judicatum solvi*, en tant que le demandeur et le défendeur appartiendront à l'un des États contractants de la Convention de Berne.

« 2° Lorsqu'un étranger dispensé de la caution

1 Me Raoul de Clermont, mon confrère à la Cour de Paris, a mis aimablement à ma disposition son intéressant rapport sur la question, et je veux l'en remercier ici.

judicatum solvi aura été débouté de sa demande et condamné à des dommages et intérêts, ce jugement sera exécutoire dans les États adhérents à l'Union d'après un mode *d'exequatur* à réglementer ultérieurement ».

4. Le texte adopté par la conférence de La Haye servit de base aux négociations qui aboutirent à la signature de la convention de La Haye (14 novembre 1896). La Belgique, l'Espagne, la France, l'Italie, le Grand Duché de Luxembourg, les Pays Bas, le Portugal et la Suisse furent représentés et signèrent cette convention ; la Suède, la Norvège et tous les Etats qui avaient été représentés à La Haye adhérèrent à la convention.

L'article 1 adopté par la conférence subit une légère modification : on exige une autre condition pour dispenser l'étranger demandeur ou intervenant de la caution ; il faut qu'il soit domicilié dans l'un des Etats signataires de la convention pour jouir de ce privilège. Le texte est aujourd'hui le suivant :

« Aucune caution ni dépôt, sous quelque dénomination que ce soit, ne peut être imposé, à raison soit de leur qualité d'étranger, soit du défaut de domicile ou de résidence dans le pays, aux nationaux d'un des Etats contractants, ayant leur domicile dans l'un de ces Etats, qui seront demandeurs ou intervenants devant les tribunaux d'un autre de ces Etats ».

L'article 2 proposé par la conférence subit une

modification de texte ; on supprime à la fin ces mots : « pour connaître des demandes d'exequatur des décisions ».

L'article 3 adopté par la Conférence reste entier.

Le 22 mai 1897, le protocole additionnel suivant fut ajouté à cette convention :

« Il est bien entendu que les nationaux d'un des Etats contractants, qui auraient conclu avec un autre de ces Etats une convention spéciale d'après laquelle la condition du domicile, contenue dans l'article 1, ne serait pas requise, seront, dans les cas prévus par cette convention spéciale, dispensés, dans l'État avec lequel elle aura été conclue, de la caution et du dépôt mentionnés à l'article 4, même s'ils n'ont pas leur domicile dans un des Etats contractants ».

La convention est soumise en France à la ratification des Chambres, mais la procédure parlementaire est souvent plus lente que celle des tribunaux, et il faudra peut-être attendre encore quelques années avant que cette convention soit exécutoire sur le territoire français.

CONCLUSION

1. L'étude qui précède conduit logiquement à certaines conclusions qu'il convient de dégager. La caution *judicatum solvi*, dans l'état actuel de la civilisation, est-elle d'abord une institution conforme aux principes du droit moderne ? Et, en admettant qu'il en soit ainsi, quelle doit être son étendue ? Dans quels cas la caution sera-t-elle exigible ? Quelles réformes enfin serait-il possible d'introduire dans la législation française pour donner à l'exception de la caution un caractère moins rigoureux, sans diminuer les garanties des nationaux ? Il faudra ensuite rechercher quelles sont les réformes proposées par le projet de Code de procédure civile. Enfin il sera nécessaire d'étudier le droit conventionnel, montrer les progrès qu'il a fait réaliser à la caution, et, quels sont les tempéraments qu'il peut apporter à la rigueur de cette institution ? Dans quelles limites enfin une entente internationale peut-elle modifier la caution ?

2. Le Code civil fut rédigé naturellement sous l'influence du vieux droit français et du droit romain, qui accordaient aux étrangers une condition peu favorable. L'aubain, dans nos anciennes lois, était regardé comme une personne qui, par définition, devait inspirer la méfiance ; la Révolution de 1789 défendit bien la thèse de la fraternité des peuples, mais ses idées furent peu appliquées, et lorsque le Code civil fut promulgué un esprit plus pratique avait conservé, dans nos textes, la caution *judicatum solvi.*

2. Cette institution est-elle légitime ? En théorie tous les pleuples sont égaux, mais en faite st-il possible d'accorder aux étrangers les même droits qu'aux nationaux ? Le principe de l'inégalité des conditions a été appliqué en droit international, et il s'imposait car une nation civilisée, qui accorderait aux sujets d'une nation moins civilisée les mêmes droits qu'à ses nationaux serait dupe de sa générosité. Une autre raison exige cette inégalité, c'est la notion de l'ordre public : il y a des situations de droit qu'un Etat ne peut pas, ne doit pas tolérer sur son territoire, parce qu'elles sont en absolue contradiction avec l'ordre public, tel qu'il résulte de ses lois et de ses mœurs. Les étrangers, en excluant évidemment les droits politiques, ne peuvent donc pas prétendre à la jouissance dans un Etat des mêmes droits que dans leur patrie.

Ce principe s'appliquera nécessairement quand un étranger estera en justice : il intente une action à un national ; il perd son procès, et est condamné aux dépens et à des domages-intérêts ; comment le national obtiendra-t-il l'exécution du jugement ? L'étranger pourra être, ce qui est heureusement un cas fréquent, très honnête et solvable, aussi il n'y aura aucun danger ; mais il pourra n'en être pas ainsi : le national aura été cité devant les tribunaux sans aucune raison sérieuse ; il confondra son adversaire, obtiendra contre lui un jugement, et comme conséquence il sera peut-être obligé de payer des frais qu'il ne devra pas. La caution a pour but de le garantir, aussi est-elle fondée, et comme on l'a dit : « ce n'est pas une mesure de défiance contre « l'étranger ; c'est une sage précaution prise con- « tre ceux qui, n'ayant point d'attache au sol fran- « çais, pourraient témérairement intenter des ac- « tions vexatoires, sans avoir à redouter les condam- « nations prononcées contre eux ».

3. Mais si la caution *judicatum solvi* est, à notre avis, une institution nécessaire, il n'est pas permis d'en conclure que les lois françaises lui donnent les caractères qu'elle doit avoir. Il existe dans tous les pays une tendance protectionniste, et en notre matière cette influence a agi sur nos Codes.

Une loi du 5 mars 1895 a établi la caution en matière commerciale ; la réaction était d'autant plus profonde que jamais, même dans l'ancien droit, il n'en avait été ainsi ; cette mesure, paraît-il, s'imposait devant les rigueurs des lois étrangères, et en elle-même elle s'expliquait, car un demandeur pouvait être insolvable aussi bien en matière commerciale qu'en matière civile; la loi de 1895 paraît donc justifiée.

Le plus grave reproche à adresser à notre législation sur la caution, c'est l'importance qu'elle donne encore à notre vieil adage : *Res mobilis, res vilis*. Le demandeur étranger ne sera dispensé de fournir une caution que s'il possède en France des immeubles d'une valeur suffisante ; il faudrait être moins exclusif; les magistrats devraient avoir un large pouvoir d'appréciation, et ils devraient pouvoir soustraire à la caution non seulement ceux qui possèdent des immeubles, mais encore ceux qui sont d'une solvabilité non douteuse, car une fortune mobilière est souvent mieux établie qu'une fortune immobilière. Enfin, il est injuste d'exiger que cet étranger possède ses immeubles dans le ressort où il plaide pour être dispensé de la caution ; il faudrait établir que si ces immeubles sont situés sur un territoire français, ils peuvent soustraire cet étranger à la caution ; les tribunaux devraient encore avoir à cet égard un pouvoir d'appréciation, et s'ils estimaient que ces immeubles sont trop éloignés ou d'une réalisation difficile, ils pourraient toujours astreindre cet étranger à la caution. Voilà une réforme qui s'impose et qui, sans enlever à la caution ses effets, est de nature à la rendre moins rigoureuse.

Une autre modification pourrait être introduite dans nos lois : l'étranger admis à domicile et qui, après un délai de cinq années, ne demande pas la naturalisation, perd, d'après la loi de 1889, le bénéfice de cette autorisation ; il est donc astreint à la caution à l'expiration de ce délai, alors qu'il en était auparavant dispensé ; il faudrait laisser aux tribunaux la faculté de soustraire à la caution cet étranger, s'il présentait des garanties de solvabilité : il aura, en général, une résidence en France, et un jugement sera d'une exécution facile contre lui ; les tribunaux pourraient d'ailleurs astreindre à la caution cet étranger, si sa situation n'était pas de nature à inspirer confiance.

Voilà deux réformes qui doivent être, à notre avis, introduites dans la législation française ; elles s'inspirent d'idées plus conformes à la justice, et si les États se protègent tous les jours de plus en plus, il y a eu une époque où l'on cherchait au contraire à assurer aux étrangers une condition plus favorable : la loi du 23 juin 1857, par exemple, avait accordé une protection efficace aux marques de fabrique des étrangers qui avaient un établissement commercial en France.

4. Le projet de réforme du Code de procédure civile admet le principe de la caution *judicatum solvi*, mais il apporte quelques modifications à la législation actuelle.

Un texte établit formellement le droit d'exiger pour la première fois la caution en appel, ce qui est admis par une récente jurisprudence ; une autre disposition reconnait à une partie le droit de demander, au cours de l'instance, l'augmentation ou la diminution de la caution : les tribunaux ont d'ailleurs adopté depuis longtemps cette doctrine.

Le projet de réforme pose aussi en principe l'équivalence des droits mobiliers et des droits immobiliers pour la dispense de la caution.

Le législateur ne s'est pas préoccupé du cas de l'étranger admis à domicile, et qui, après cinq années, n'a pas demandé la naturalisation ; il devrait laisser aux juges la faculté de le dispenser de la caution, s'il présentait de sérieuses garanties de solvabilité.

5. C'est l'Institut de Droit international qui a fait réaliser à la caution *judicatum solvi* son plus grand progrès ; la proposition de M. Asser à La Haye (1874) a été reprise par la conférence tenue (1894) dans la même ville ; la convention qu'elle a élaborée, et qui bientôt sera exécutoire, a supprimé la caution pour tous les ressortissants des Etats contractants, à la condition qu'ils soient domiciliés sur le territoire de l'un de ces Etats ; il a fallu cependant accorder la force exécutoire, après un exequatur de forme, aux frais et dépens des procès intentés par ces ressortissants. Ce progrès est sensible : d'une

part, il assure l'exécution facile des jugements entre étrangers : d'autre part, il simplifie la procédure des instances entre eux, et il supprime la caution, qui souvent était seulement un moyen dilatoire.

La caution *judicatum solvi* deviendra de plus en plus rare, car de nouveaux Etats adhèreront tous les jours à la convention de La Haye ; un vœu pourrait être formé : ce serait la disparition complète de la caution ; mais est-il possible ? Les différences de civilisation ne constituent-elles pas un obstacle ? Faisons quand même ce souhait, car sa réalisation marquerait l'aurore d'une ère de progrès.

Vu par le président,
RENAULT.

Vu par le doyen,
GARSONNET.

VU ET PERMIS D'IMPRIMER :
Le vice-recteur de l'Académie de Paris,
GRÉARD.

TABLE DES MATIÈRES

CHAPITRE PREMIER

Théorie générale des exceptions. L'exception de la caution *judicatum solvi*.

CHAPITRE II

Histoire de la caution *judicatum solvi*.

Chapitre III

Qui peut demander la caution ?

Chapitre IV

Qui doit fournir la caution ?

Chapitre V

Matières.

Chapitre VI

La procédure.

Chapitre VII

Etendue de la caution ; ses caractères.

Chapitre VIII

Le droit conventionnel.

CHAPITRE IX

Législation comparée.

Chapitre X

La caution *judicatum solvi* à l'Institut de droit international et la convention de La Haye.

Conclusion

Laval — Imprimerie Parisienne, L. BARNÉOUD et Cie, 8, rue Ricordaine.

www.ingramcontent.com/pod-product-compliance
Ingram Content Group UK Ltd.
Pitfield, Milton Keynes, MK11 3LW, UK
UKHW022056190726
13855UKWH00002B/519